Laszlo Böszörmenyi

Mondenlicht – Sonnenlicht

Laszlo Böszörmenyi

Mondenlicht – Sonnenlicht

Die Umkehr zur Quelle der wissenschaftlichen Denkweise

INFO3 VERLAG

Ruth und Reinhard Kindt gewidmet

ISBN 978-3-95779-125-2
Erste Auflage 2020
Zweite Auflage 2024

Satz: Ulrich Schmid, detepe, Aalen
Einband: Frank Schubert, Frankfurt am Main,
unter Verwendung einer Zeichnung von Albrecht Dürer
Druck und Bindung: Jelgavas Tipogrāfia, Jelgava, Lettland
Dieser Titel ist auch als E-Book erhältlich

Inhalt

Vorwort

Wir alle spüren, dass etwas nicht stimmt. Der Krisenzustand wird „normal“, irgendeine Krise gibt es immer. Wir suchen den Fehler bei anderen, bei der Politik, bei den wichtigen Menschen. Wir erkennen aber nur ungern an, dass das alles zutiefst mit dem aktuellen Zustand unseres eigenen Bewusstseins zusammenhängt. Wir sind an einem Punkt angelangt, wo wir die Geschenke der Schöpfung mehr oder weniger verbraucht haben. Das gilt nicht nur für die Schätze der Erde, sondern auch für unsere eigenen geistigen Fähigkeiten. Wir erhalten keine Geschenke mehr – wir sind erwachsen. Eine Erneuerung kann nur von uns Menschen kommen. Wir müssten unser Leben, unseren Sinn ändern.

Das Bewusstsein des modernen Menschen wird durch die wissenschaftliche Denkweise dominiert – auch wenn uns irrationale Phänomene in der Politik und anderswo daran zweifeln lassen. Diese Denkweise ist das letzte Geschenk für die Menschheit, sie könnte uns in die Freiheit führen. Der nächste Schritt wäre, diese Denkweise umzuwandeln, in ihr Quellgebiet aufzusteigen. Dieser Schritt ist schwierig, weil wir dazu eine qualitativ neue Art des Erkennens erlernen müssten. Die wissenschaftliche Denkweise wird nur ihrer Produkte, der Vergangenheit ihrer eigenen Tätigkeit gewahr, nicht aber ihrer aktuellen Tätigkeit. Ziel wäre das Gewahrwerden der aktuellen, gegenwärtigen geistigen Tätigkeit. Der Weg dazu ist die zeitgemäße, vom Denken ausgehende Kontemplation oder Meditation.

Die gemeinsame Betrachtung der wissenschaftlichen Denkweise und ihrer Erweiterung in der Meditation entspricht in gewisser Weise meiner eigenen Biografie.

Ich war 45 Jahre lang in der Informatik-Forschung tätig, davon 25 Jahre als Professor der Informatik an der Universität Klagenfurt. Ich habe mich mit verschiedenen Themen der Kerninformatik beschäftigt (Rechnernetze, Betriebssysteme, Programmiersprachen und so weiter). In den letzten 15 Jahren arbeitete ich mit meiner Forschungsgruppe an der Analyse und Verarbeitung von Videoaufnahmen von chirurgischen (vor allem endoskopischen) Eingriffen. Ein paar Jahre lang habe ich mich auch mit Informatikgeschichte beschäftigt.

Seit 1978, nachdem ich Georg Kühlewind bei einer Tagung in Zürich kennengelernt hatte, gehören Übungen des spirituellen Schulungswegs zu meiner täglichen Praxis (also auch schon seit mehr als 40 Jahren). Diese Praxis konfrontiert mich täglich mit meiner eigenen Schwäche, macht mir aber auch jeden Tag bewusst, dass es keinen leichten, billigen Weg zur Freiheit gibt. Freiheit bedeutet nicht, dass ich alles machen darf, was mir einfällt, sondern dass ich in meinem Bewusstsein autonom bin und liebevoll handeln kann. Dazu muss ich meine schwache, in Gewohnheiten gefangene, egoistisch und mechanistisch gewordene Aufmerksamkeit heilen.

Meine Hauptbemühung in diesem Buch geht dahin zu zeigen, dass es nichts Böses gibt, was nicht als Gutes angefangen hätte – auch wenn dieser Anfang manchmal sehr schwer zu finden ist. Nicht bekämpfen müssen wir das Böse, sondern umwandeln, zurückverwandeln, zu seinen ursprünglichen Quellen zurückführen. Im allerersten Schritt in uns selbst. Das entspricht in gewisser Hinsicht dem Prinzip, Ähnliches mit Ähnlichem zu heilen.

1. Sprache der Wissenschaft – Sprache Michaels

In den kurz vor seinem Tod aufgezeichneten *Anthroposophischen Leitsätzen* hat Rudolf Steiner in christlichen Metaphern eine neue, kommende Bewusstseinsverfassung charakterisiert. Darin heißt es unter anderem:

„Anthroposophie schätzt in rechter Art, was die naturwissenschaftliche Denkweise gelernt hat, seit vier bis fünf Jahrhunderten über die Welt zu sagen. Aber sie spricht außer *dieser* Sprache eben noch eine andere über das Wesen des Menschen, über die Entwicklung des Menschen und über das Werden des Kosmos; sie möchte die Christus-Michael-Sprache sprechen."[1]

1.1 Qualitativ unterschiedliche Sprachen

Was ist diese „Christus-Michael-Sprache", die die naturwissenschaftliche Denkweise nicht abtut, aber über sie hinausgeht? Es geht sicherlich nicht nur um die in diesem Zitat aufgezählten Themen: Für diese interessiert sich die akademische Wissenschaft auch. Es heißt, es gehe um eine neue *Sprache*, also auch um eine neue Herangehensweise. Vielleicht so, wie

---

1 R. Steiner: *Anthroposophische Leitsätze*. GA 26, S. 98.

wenn jemand von Prosa in Gesang wechseln würde: Es geht um eine *qualitativ* neue Welt.

Die naturwissenschaftliche Denkweise ist uns modernen Menschen *gegeben*. Nicht gleich nach der Geburt, aber nach dem Erlernen der Muttersprache und nach dem Besuch einer Schule ist sie uns allen gegeben. Wir können sie verfeinern – etwa durch ein Universitätsstudium oder gar durch anschließende eigene Forschungstätigkeit – aber die Fähigkeit dazu ist schon vorher da. Die „Christus-Michael-Sprache" ist im Gegensatz dazu offensichtlich etwas, was wir erst lernen müssten. Dieses Nicht-Gegeben-Sein ist keine nebensächliche Eigenschaft, oder gar „Pech", sondern ein zentrales Merkmal. Wir sind frei, sie zu erlangen – oder auch nicht.

Die naturwissenschaftliche Denkweise ist klar, aber kalt und farblos, wie das Licht des Mondes. Wir alle können – mehr oder weniger – in klar konturierten Begriffen denken und entlang solcher Begriffe die innere und äußere Welt gliedern. Auch die Trennung in innere und äußere Welt wird erst durch diese Denkweise erzeugt. Befriedigen tut sie uns aber nicht. Es fehlen uns die Wärme und die Farben. Deshalb hängen wir an unsere Begriffe Gefühle an, die aber meistens wenig von der Welt aussagen und eher mit unserem eigenen Befinden zu tun haben. Wenn wir zum Beispiel „Wasser" sagen, wissen wir einerseits die chemische Zusammensetzung, andererseits fühlen wir die Freude am Trinken und Baden, den Durst, wenn es uns an Wasser mangelt und so weiter. Das alles sagt aber nicht viel von der einmaligen *Qualität*, vom „Sosein" des Wassers[2].

---

2 Siehe dazu: *Das Wasser des Lebens* vom Autor (https://www.itec.aau.at/~laszlo/Antro/Wasser.pdf).

Was genau Rudolf Steiner unter „Christus-Michael-Sprache" versteht, kann ich natürlich nicht wissen, ich kann aber versuchen es herauszufinden. Er schreibt etwas später: „Man wird stets, ob denkend oder wollend, durch ein Sich-Versetzen ins Geistige an Michael herankommen müssen."[3] Ich kenne keine andere zeitgemäße Möglichkeit zu diesem „Sich-Versetzen ins Geistige" als den Übungsweg, den Weg der Konzentration und Meditation (siehe später, insbesondere in Kapitel 1.8 und 1.9). Deshalb nehme ich an, dass diese Sprache auf dem Übungsweg zu erlernen ist und ihr Stil von Anfang an die richtige Ausdrucksform geistiger Übungen sein soll. Der Stil unserer Muttersprache bleibt ein Leben lang stark in uns verankert. Durch Kunst können wir uns neue Stile aneignen. Nicht nur barock oder romantisch sind Stile, jeder große Künstler hat seinen eigenen Stil; Bach und Vivaldi sind beide barock und trotzdem auch individuell. Durch eine qualitativ neue Sprache könnten wir einen noch radikal neueren Stil erlernen.

Hier liegt aber eine Schwierigkeit: Wie soll ich den Stil von Anfang an richtig erkennen, wenn ich die Sprache dazu erst lernen muss? Eine ähnliche Frage ist: Wie kann ich die richtige Orientierung für das Leben finden – bevor ich am Ziel bin? Ein guter Wanderer kann getrost unbekannte Pfade gehen, solange er die Orientierung nicht verliert. Woher weiß er das aber? Gibt es einen Kompass für den inneren Weg? Folgendes könnte helfen:

„Im Innern *so* verbunden sein mit dem intelligenten Inhalte, wie Michael es ist, bedeutet zugleich, die Anforderung erfüllen müssen, nichts von subjektiver Willkür, von Wunsch oder Begehren in diesen Inhalt hineinzubringen. Sonst wird ja

---

3 R. Steiner: *Anthroposophische Leitsätze*. GA 26, S. 102.

Logik Willkür *eines* Wesens statt Ausdruck des Kosmos. Streng sein Wesen als Ausdruck des Weltwesens zu halten; alles, was sich im Innern als Eigenwesen regen will, auch in diesem Innern zu lassen: das betrachtet Michael als *seine* Tugend. Sein Sinn ist nach den großen Zusammenhängen des Kosmos gerichtet – davon spricht seine Miene; sein Wille, der an den Menschen herantritt, soll widerspiegeln, was er im Kosmos erschaut – , davon spricht seine Haltung, seine Geste. Michael ist in allem *ernst*, denn Ernst als Offenbarung eines Wesens ist der Spiegel des Kosmos aus diesem Wesen; Lächeln ist der Ausdruck dessen, was, von einem Wesen ausgehend, in die Welt hineinstrahlt."[4]

Ernst bedeutet: ganz dabei sein, in voller Konzentration, voller Hingabe, voller Selbstlosigkeit. Und das *Lächeln* entspringt aus der Freude in der Begegnung mit anderen Wesen in voller Hingabe. Selbstlosigkeit und heiterer Ernst sind die wichtigsten Stilelemente dieses Weges. Wir heutige Erwachsene sind immer durch Egoität geprägt (das war nicht immer so, beim kleinen Kind ist es auch heute nicht so, siehe auch später, vor allem in Kapitel 2.6). Wenn ich anfange die Sprache Michaels zu lernen, bin ich notgedrungen egoistisch, weil ich nicht anders kann. In der vollständigen Konzentration oder Hingabe wird aber die Egoität durch den heiteren Ernst des selbstlosen Tuns abgelöst, ähnlich wie beim Spiel eines Kindes. Das ist die Orientierung auf dem Weg zu Michael. Ich kenne weder das Ziel noch den Weg; ich muss völlig neue Wege gehen. Solange ich versuche, jede „subjektive Willkür, Wunsch oder Begehren" zumindest zu Zeiten der Übung auszuschließen, und wenn ich die Ehrlichkeit habe, es mir selbst einzuge-

---

4 Ebenda, S. 116.

stehen, wenn es mir nicht gelingt, verliere ich meine Orientierung nicht. Wenn ich diese Ehrlichkeit nicht aufbringe, droht sogar die Gefahr, dass ich überhaupt die Fähigkeit zur Klarheit, zum klaren Denken verliere und die „Logik Willkür *eines* Wesens statt Ausdruck des Kosmos“ wird. Das wäre die totale Finsternis, aus der der Mensch nicht mehr herausfindet. Dann gibt es keine Wahrheit mehr, nur noch private Meinungen und Interessen: der Krieg eines jeden gegen jeden. Den führen wir ja schon längst, aber zumindest die Logik ist uns allen noch gemeinsam. Und die kalte Logik ist der Abglanz des warmen, gemeinsamen Lichtes, das von Michael vermittelt und „verwaltet“[5] – nicht aber für sich behalten wird. Das Wesen, das dieses Licht für sich behalten will, nennt Steiner *Ahriman*:

„Nun hat Ahriman sich die Intellektualität in einer Zeit angeeignet, als er sie nicht in sich verinnerlichen konnte. Sie blieb eine Kraft in seinem Wesen, die mit Herz und Seele nichts zu tun hat. Als kalt-frostiger, seelenloser kosmischer Impuls strömt von Ahriman die Intellektualität aus. Und *die* Menschen, die von diesem Impuls ergriffen werden, entwickeln eine Logik, die in erbarmungs- und liebeloser Art für sich selbst zu sprechen scheint – in Wahrheit spricht eben Ahriman in ihr –, bei der sich nichts zeigt, was rechtes, inneres, herzlich-seelisches Verbundensein des Menschen ist mit dem, was er denkt, spricht, tut.“[6]

Das ist der Stil von Ahriman. Den kennen wir auch gut in uns selbst – wenn wir ehrlich sind. Auch er ist eine kosmische Kraft, die uns einmal dienlich war. Wir haben den Egoismus und das Lügen von ihm gelernt, und hätten wir das nicht ge-

---

5 Ebenda, S. 115.

6 Ebenda, S. 115.

lernt, hätten wir uns aus dem Eingebettet-Sein in die geistige Welt nie herauslösen und den Weg der Freiheit nie antreten können. Nachdem wir dies aber erkannt haben, dürfen wir diesen „kalt-frostigen, seelenlosen“ Weg nicht mehr fortführen. Wir müssten die Umkehr vollziehen und uns der Christus-Michael Sprache widmen. Die Möglichkeit dazu wurde im Christentum in die Menschenseelen hineingelegt: „Und das Wort ward Fleisch und schlug in uns sein Zelt auf und wir haben seine Ausstrahlung erblickt, eine Ausstrahlung wie die des eingeborenen Sohnes des Vaters voller Gnade und Wahrheit.“ (Joh. 1,14[7]) Der Logos „hat sein Zelt in uns aufgeschlagen“ und wir sind auf keine Führung mehr angewiesen. Michael führt uns auch nicht: Er wartet auf uns. „Voller Gnade und Wahrheit.“

Die naturwissenschaftliche Denkweise sieht die Welt als eine stumme an, die nicht sprechen kann. Wenn ich den geistigen Übungsweg einschlage, dann geschieht das aus einer Ahnung und Hoffnung, dass die Welt nur deshalb stumm erscheint, weil ich sie – noch – nicht verstehe. Anstatt die Welt wie von außen mit einem kalten Licht zu beleuchten, suche ich, mit Hilfe des warmen Lichts meines Inneren mit dem Licht hinter der Welt in Verbindung zu kommen. Das ist wie Sonnenlicht aus dem Inneren des Menschen, das dem Sonnenlicht aus dem Inneren der Schöpfung entgegenstrahlt. Ich erkenne auf einmal, dass die fremde, stumme Welt mich „anlächelt“ – und damit meine Ängste vertreibt und in Liebe umwandelt.

Die Welt scheint uns tot und stumm zu sein. Aber das sind alle ausgesprochenen Sätze auch, solange sie nicht von jeman-

---

7 Übersetzung von Georg Kühlewind.

dem verstanden und damit wieder zum Leben erweckt werden. Die „Christus-Michael-Sprache“ zu erlernen könnte bedeuten, hinter der toten Welt die lebendige, warme Quelle zu suchen, die sie ausgesprochen hat. Erkenntnis der naturwissenschaftlichen Denkweise ist wie ein Sezieren von Leichnamen in einem künstlich beleuchteten Keller. Die neue, sonnenhafte Erkenntnisart könnte die ewig lebendigen Wesen finden, deren *Ausdrücke* uns als Leichname erscheinen. So könnte das Erkennen zum Gespräch werden. Oder gar zum Gesang, wie es Hölderlin verheißen hat.[8]

Um Erdenbürger zu werden, müssen wir eine irdische Sprache erlernen. Um Himmelsbürger zu werden, müssten wir die „Christus-Michael-Sprache“ erlernen. Wie der Prozess des Sprechenlernens uns herunterführt vom Himmel auf die Erde und die irdische Welt gestaltet, ja erschafft (siehe später, Kapitel 1.5), so könnte uns das Erlernen der „Christus-Michael-Sprache“ hinaufheben zu einer neuen, himmlischen Welt und diese gestalten und erschaffen. „Die Kinder Gottes“ werden im Johannes-Evangelium als „aus Gott geboren“ bezeichnet. (Joh. 1,11) Wie das neugeborene Kind hier die irdische Sprache erlernen muss, so erlernen die Kinder Gottes nach ihrer „Geburt aus Gott“ die himmlische Sprache.

---

8 „Viel hat von Morgen an, \ Seit ein Gespräch wir sind und hören voneinander, \ Erfahren der Mensch; bald sind wir aber Gesang.“ aus Hölderlin, *Friedensfeier*.

1.2 Woher kommt die Kälte der naturwissenschaftlichen Denkweise?

Steiner spricht von der „Art, was die naturwissenschaftliche Denkweise gelernt hat, seit vier bis fünf Jahrhunderten über die Welt zu sagen". Warum gerade seit den letzten vier bis fünf (inzwischen sechs) Jahrhunderten? Etwas zuvor schreibt er in den *Leitsätzen*:

„Erst als die Gedanken ihre Prägung im physischen Leibe annahmen und sich das Bewusstsein nur auf diese Prägung erstreckte, trat die Möglichkeit der Freiheit ein. Das ist der Zustand, der mit dem fünfzehnten nachchristlichen Jahrhundert gegeben ist."[9]

Diese „Prägung" bedeutet, dass der lebendige – aber unbewusste – Prozess des Denkens das Gehirn berührt, an ihm abgebremst, abgetötet wird, und wir in diesem abgeschwächten Zustand nun dessen Inhalt – den fertigen Gedanken – wie in einem Blitzlicht verstehen können. Wie diese Berührung geschieht, wie ein rein geistiger Prozess (das lebendige Denken) ein physisches Organ (das Gehirn) „anstößt", das erfahren wir nicht. Normalerweise haben wir von unserem Gehirn überhaupt keine unmittelbare Erfahrung, außer wenn es dort wehtut. Wir wissen aus Experimenten, dass unterschiedliche geistig-seelische Tätigkeiten in unterschiedlichen Bereichen des Gehirns unterschiedliche Gehirnströme induzieren. Aber wie das geschieht, das wissen wir nicht, das ist Mysterium, Magie. Aus dieser Richtung werden wir es auch nicht erfahren. Was wir aber sehr wohl anstreben können, ist der umgekehrte Weg. Wenn wir so konzentriert denken lernen, dass wir den Prozess

9 R. Steiner: *Anthroposophische Leitsätze.* GA 26, S. 79

des Denkens erfahren, noch *bevor* der Inhalt da ist (etwa den Sinn des Satzes, *bevor* er in Worten formuliert ist), dann erfahren wir das Denken in seiner puren, geistigen Form, noch *bevor* es das Gehirn berührt. Darum nennt Steiner die Meditation einerseits „wortloses“, andererseits „gehirnunabhängiges“ Denken (siehe später, vor allem in Kapitel 3.8).

Die Jahrtausende dauernde Entwicklung bis zur Entstehung des gehirnabhängigen Denkens charakterisiert Steiner so:

„Er (der Mensch) empfand … den Inhalt der Ideen nicht als etwas Selbst-Gemachtes, sondern als etwas durch Eingebung aus der übersinnlichen Welt Erhaltenes … Man kann nun zurückgehen in Zeiten, in denen Gedanken unmittelbar im ‚Ich‘ erlebt wurden. Da aber waren sie nicht schattenhaft, wie heute: sie waren nicht bloß *lebend*; sie waren *beseelt* und *durchgeistigt*. Das heißt aber: der Mensch *dachte nicht* Gedanken; sondern er erlebte die Wahrnehmung von konkreten geistigen Wesenheiten.“[10]

Er erklärt das so, dass das Erleben der Ideen mit der Zeit immer tiefer in die menschlichen Wesensglieder hinuntergestiegen ist, vom „Ich“ abwärts, über den Empfindungsleib und Lebensleib, bis zur Berührung des physischen Leibes[11], des Gehirns. Können wir das heute nachvollziehen? Wenn, dann sicherlich nur auf dem umgekehrten Weg. Ausgehend von der *gegebenen* Art der Erfahrung der Gedanken können wir lernen, durch erhöhte Konzentration der Aufmerksamkeit die Ideen schon weiter oben „einzufangen“, bewusst zu machen. Je höher wir steigen, umso lebendiger und wesenhafter wird diese Erfahrung. Man könnte auch sagen: umso „wärmer“.

---

10 Ebenda, S. 76 f.

11 Zu den Wesensglieder siehe z.B. R. Steiner: *Theosophie*. GA 9.

Jetzt verstehen wir also, woher die Kälte des modernen Denkens kommt. Je weiter entfernt von seiner eigentlichen Quelle im „Ich" erlebt, umso kälter und toter wirkt das Denken. Und je näher zur Quelle, umso wärmer, lichtvoller und mächtiger wird es. Die Entfremdung von der Quelle hat eine weitere Konsequenz: Es entstehen im Menschen Fragen; es entsteht die Wissenschaft.

Spätestens hier müsste uns ein (scheinbarer) Widerspruch auffallen. Wieso sollten wir die Gedanken gerade dann als unsere eigenen erleben, wenn sie nicht mehr „unmittelbar im ‚Ich' erlebt" werden? Die Antwort ist: Dieses „Ich" ist nicht dasselbe wie das, was wir heute Ich nennen. Noch mehr: Gerade diese Entwicklung ist notwendig, damit unser heutiges Ich, das „kleine Ich" entsteht und sich von der geistigen Welt abgrenzen kann, um dann von hier aus, von dem gegebenen Alltagsbewusstsein aus, als freies Wesen den Weg nach oben anzutreten. Bis zur Renaissance entwickelt sich das Bewusstsein der Menschheit zur „Pubertät". Die „Reife", die steht direkt vor uns. Reife würde bedeuten: Rückkehr aus Freiheit. Der verlorene Sohn – die Aufmerksamkeit – kehrt zu den Quellen zurück, aber diesmal frei und seiner selbst bewusst. Das ist der große „Kampf" der Gegenwart. Die äußeren Geschehnisse arbeiten vorwiegend gegen diese Entwicklung und versuchen, unsere Aufmerksamkeit gefangen zu halten. Ohne unser Einverständnis ist das zwar nicht möglich; aber wir geben dieses Einverständnis allzu gern: manchmal durch Gewalt, viel häufiger, weil uns Genuss versprochen wird.

Die große geschichtliche Entwicklung des menschlichen Bewusstseins können wir kaum nachvollziehen. Glücklicherweise ist sie aber im Kleinen – in etwas veränderter Form – auch viel näher zu finden: in der Entwicklung des individuellen Menschen, insbesondere der Kinder. Fragen wir uns deshalb doch einmal: Wie lernen wir eigentlich sprechen, denken, wahrnehmen, fühlen?

1.3 Wieso sprechen wir überhaupt?

Wann spreche ich eigentlich? Im guten Fall, wenn ich etwas zu sagen habe. Im weniger guten Fall, wenn ich damit etwas erreichen will. Im schlechtesten Fall tue ich es einfach nur so, ich schwatze aus Gewohnheit. Wieso ist aber das Sprechen überhaupt nötig? Warum verstehen wir einander nicht unmittelbar? Kleine Kinder tun das – wie der Bewusstseinsforscher und Autor Georg Kühlewind es mehrfach gezeigt hat.[12] Sonst könnten sie nie ihre erste Sprache (manchmal sogar gleichzeitig mehrere) erlernen. Sie verstehen die Eltern unmittelbar und verknüpfen dieses „Eine", zum Beispiel die Aussage, den Sinn eines Satzes, mit den erklingenden Lauten. Kleine Kinder können in einem bestimmten Alter ganze Sätze verstehen, ohne die einzelnen Worte darin zu kennen. Anscheinend wird aber nach dem Erlernen der Muttersprache dieses Erlernte selbst zum Hindernis: Das direkte Verstehen geht dabei fast gänzlich verloren und wir verstehen einander nur noch durch die Vermittlung der Sprache. Manchmal können sich auch Erwachsene sprachlos, unmittelbar verstehen. Das nennt man meist Liebe.

Der Sinn des Satzes bekommt eine feste Form (er wird zur „In-Formation"), die kann wiederholt werden, auch ohne den

---

12 Siehe z.B. G. Kühlewind: *Der sprechende Mensch*. Vittorio Klostermann, 1991.

Sinn aktuell zu denken. Wir können diese Form auch in Schrift umwandeln, heute sogar in einem Computer speichern (dann auch kopieren, ändern, fälschen). Damit wird die ursprüngliche untrennbare Bindung von Sinn und Zeichen gelockert, die Zeichen bekommen eine Art „Eigenleben" – eigentlich eher eine Art „Eigentod", weil sie in dieser Form erstarrt, eben tot sind. Die aktuelle Realisierung, die Auferstehung der Zeichen benötigt immer eine Neuverbindung von Sinn und Zeichen, also Verstehen. Durch die Trennung von Sinn und Zeichen entsteht auch die Möglichkeit zur Lüge. Kleine Kinder in der Phase des Sprechenlernens lügen nicht, sie können das gar nicht. Erwachsene können fast nur noch das.

1.4 Wie hat das Sprechen angefangen?

Wie Kühlewind ebenfalls gezeigt hat[13], können die Sprachen nicht – wie in der Sprachphilosophie meistens angenommen wird – aus einer Not entstanden sein, um einander besser verstehen zu können, um etwa die gemeinsame Jagd besser zu gestalten. Menschen, die einander nicht verstehen, können keine Sprache erfinden oder vereinbaren – dazu bräuchten sie schon eine. Eine sukzessive Entwicklung von einer „primitiven" zu einer komplexeren Sprache ist auch undenkbar: Eine „primitive", aus wenig Zeichen und Regeln bestehende Sprache zu sprechen verlangt viel mehr Intuition, weil man mit einer viel intensiveren inneren, denkerischen Tätigkeit die spärlichen

13 G. Kühlewind: *Das Licht des Wortes* (Kap. Der kultische Ursprung der Sprache). Verlag Freies Geistesleben, Stuttgart, 1984.

Zeichen ergänzen muss.[14] Das Kleinkind lernt das Sprechen auch nicht so, dass die Eltern mit ihm Regeln „vereinbaren". Es lernt das Sprechen spielend, aus Freude an der Kommunikation mit der Umgebung.

Vermutlich war das bei der Menschheit als Ganzer ähnlich. Nach Darstellungen von Rudolf Steiner war Sprache ursprünglich eine Art Gesang, eine kultische Handlung (was dem Spiel des Kindes entspricht) einer Gruppe von Menschen.[15] Einer, der die Fähigkeit hatte, Inspirationen aus der Götterwelt direkt zu empfangen – eine „weise Frau" –, hat die ganze Gruppe ins musikalische Gespräch einbezogen. So wurden die inneren, aber gleichzeitig gemeinschaftlich empfundenen Erlebnisse der Menschen zunehmend externalisiert. Wenn diese äußere Er-

---

14 Die ausführlichen, analytischen Sprachen wie Deutsch, Französisch usw. – die Sprachen der modernen Wissenschaft – sind gut geeignet dazu, manche Tatbestände genau zu beschreiben – um Missverständnisse zu vermeiden. Aber auch eine solche Klärung setzt schon das gegenseitige Verständnis voraus. Die einzelnen Sprachen haben – laut Kühlewind – eine unterschiedliche pädagogische Mission und haben die entsprechenden Völker auch zu unterschiedlichen Bewusstseinsstufen geführt. Das Verstehen geht aber dem Reden immer voraus.

15 R. Steiner: *Aus der Akasha-Chronik*. GA 11, S. 67ff: „Der Anfang der Sprache liegt in etwas, was dem Gesange ähnlich ist. Die Kraft des Gedankens setzte sich in die hörbare des Lautes um. Der innere Rhythmus der Natur erklang von den Lippen ‚weiser' Frauen. Man versammelte sich um solche Frauen und empfand in ihren gesangartigen Sätzen die Äußerungen höherer Mächte. Der menschliche Gottesdienst hat mit solchen Dingen seinen Anfang genommen. – Von einem ‚Sinn' in dem Gesprochenen kann für die damalige Zeit nicht die Rede sein. Man empfand Klang, Ton und Rhythmus. Man stellte sich dabei nichts weiter vor, sondern sog die Kraft des Gehörten in die Seele … Man kann sagen, dass in dieser Art überhaupt erst das eigentliche Seelenleben erwachte."

scheinung einmal da ist, muss man nicht mehr unbedingt „von innen“ anfangen; es geht auch umgekehrt, „von außen“. Wenn man das öfters wiederholt, kann es sein, dass (fast) nur noch das Äußere erlebt wird, die sehr intensiven und gemeinsamen inneren Erlebnisse kaum noch angeregt werden. Infolgedessen, aus einer Art Nostalgie nach dem verlorenen Gemeinschaftserlebnis, entsteht ein genussorientierter Gefühlsbereich, in dessen Grenzen wir versuchen, die äußeren Zeichen künstlich mit einem inneren Erlebnis zu verbinden. Wir sagen zum Beispiel „Heimat“ und erleben uns dabei nicht mehr wirklich als Glied einer Gemeinschaft, sondern wecken in uns ein sentimentales Gefühl, zu dem wir uns wie verpflichtet fühlen. Mit gewisser Übung kommt dann so ein Gefühl wie automatisch – aber das macht es noch nicht real, nicht so real, wie etwa Hunger ist. So werden heute überall verschiedene „kultische“ Handlungen durchgeführt, die sentimentale Gefühlsassoziationen erwecken, nicht aber das *Erlebnis* der gemeinsamen Umkehr – was der Sinn jeglicher kultischen Handlung wäre.

1.5 Die Mächtigkeit der Sprache

Das kleine Kind und die frühe Menschheit müssen die Sprache, das Sprechen ganz anders, viel intensiver erlebt haben als der heutige Erwachsene. Wenn das Kind auf die Welt kommt, kann es weder sprechen noch denken noch so wahrnehmen wie die Erwachsenen. Letzteres wird meistens übersehen; wir glauben, das Kind sehe die gleiche Welt wie wir. Unsere Welt ist aber durch unsere Begriffe gegliedert: Wir sehen Stuhl, Blume, Berg, Mobiltelefon und so weiter – das alles sind Begriffe, die meist direkt durch die Sprache überliefert sind. Das

Kind hat aber noch keine Begriffe, kann also Stuhl, Blume, Berg und Mobiltelefon auch nicht sehen. Was das kleine Kind sieht – Rudolf Steiner nennt das „das unmittelbar Gegebene"[16] – können wir uns kaum vorstellen. Die ganze Welt ist eine Art Vexierbild, aus dem erst durch das Sprechenlernen Einzelheiten und Beziehungen zwischen ihnen (groß, klein, fern, nah und so weiter sind ja auch Begrifflichkeiten) herausgegliedert werden. Deshalb können wir mit Recht sagen, dass die Welt, meine Welt – das, was ich heute so nenne – erst durch diesen Prozess entsteht. Das ist eine schöpferische Sprache, die meine Welt erschaffen hat und die eine unvorstellbare Gewalt über die Seele des Kleinkindes ausübt. Ähnlich, nur noch intensiver, muss es für die frühe Menschheit gewesen sein: Als man Eiche, Wolf, Mensch und so weiter zum ersten Mal benannt hat, muss das eine überwältigende Inspiration gewesen sein, in absoluter Identität mit der Erfahrung. Gerade durch die Benennung entsteht der erste Hauch von Trennung, die Einheit ist aber noch viel stärker als beim heutigen Erwachsenen. Der Mensch trennt sich in dieser Zeit von der „Welt" noch nicht, Mensch und Welt sind eins: Die Trennung wird erst durch das Sprechen langsam vollzogen. Auch das Kleinkind lebt in einer einheitlichen, monistischen Welt, in der alles lebt und spricht – wie in guten Märchen. Durch die schon angesprochene Externalisierung wird die Macht der Sprache fortlaufend abgeschwächt. Sprechen und Denken, Sprechen und Fühlen, Denken und Wahrnehmen, Mensch und Welt trennen sich weitgehend (aber nie ganz) voneinander. Die Sprache des anderen Menschen ist nicht mehr zwingend, die Sprache der göttlichen Wesen wird immer weniger wahrgenommen. Das

---

16 Siehe z.B. R. Steiner: *Wahrheit und Wissenschaft*, Kapitel 5. GA 3.

Kind dieser Trennung ist die Möglichkeit der Freiheit – und die des Lügens.

1.6 Die Freiheit des Sprechens

Solange wir als Menschheit die Bewusstseinsinhalte von anderen, insbesondere von göttlichen Wesen in unmittelbarer Kommunikation erhalten haben, konnten wir nicht frei sein. Kleine Kinder sind auch noch nicht frei, weil sie sich vor und während des Sprechenlernens von der erwachsenen Umgebung gar nicht trennen können. Der Erwachsene scheint aber – für den Preis der Abschwächung des Erkennens – die Fähigkeit der Freiheit erhalten zu haben. Diese Fähigkeit bleibt aber solange unfruchtbar, uneingelöst, bis wir lernen, Wahrheit in und aus uns selbst zu entfalten. Wahrheit nicht im gewöhnlichen Sinne, nicht als Feststellung einer Übereinstimmung („Es ist wahr, dass Gras grün ist."), sondern als ein innerer Prozess, in dem sich der von der Wahrheit zeugende Mensch bewusst und wach aufhalten kann. In dem Sinne, wie das Johannes-Evangelium dieses Wort benutzt: als ein kontinuierlicher, lebendiger Strom des Lichtes („das Leben war das Licht des Menschen", Joh. 1,4). Auch die kleinen Wahrheiten (Gras ist grün) stammen aus diesem Strom – wir bemerken aber normalerweise den Strom nicht, nur sein Ergebnis.[17] Das

17 In der ersten Hälfte seiner *Philosophie der Freiheit* zeigt Rudolf Steiner, dass wir zunächst immer nur die Vergangenheit unseres eigenen Denkens erfahren. In der zweiten Hälfte spricht er dann die Möglichkeit an, die à priori nicht gegebene Fähigkeit der Beobachtung des aktuellen Denkens erlernen zu können. Sie dazu auch G. Kühlewind: *Bewusstseinsstufen*.

Fehlen dieses Stromes ist die Lüge, die Finsternis, „die das Licht nicht ergriffen hat“ (Joh. 1,5). Das bewusste Erleben dieses Stromes ist die zeitgemäße Meditation. Niemand kann meditieren, der nicht vorher lügen konnte. Und niemand kann meditieren, solange er nicht auf das Lügen verzichtet. Die Fähigkeit des Lügens ist heilig – wenn wir sie in der Meditation auf dem Altar der Wahrheit opfern. Und sie ist verflucht, wenn wir dabei verbleiben.

1.7 Intentionen des Sprechens

Wir haben gleich am Anfang festgestellt: Im besten Fall spreche ich, wenn ich etwas zu sagen habe. Welche Art solcher „Etwasse“ gibt es? Es können Gedanken sein, das ist klar. Gibt es noch etwas anderes? Was ist mit Gefühlen? Können wir Gefühle direkt aussprechen? Üblicherweise können wir das erst dann, wenn sie ihre gefühlsmäßige Unmittelbarkeit schon verloren haben und nachträglich begrifflich beschrieben werden. Solange ich wütend bin, kann ich vielleicht schimpfen, nicht aber die Gefühlsqualität der Wut aussprechen. Wenn sie schon mehr oder weniger abgeklungen ist, kann ich darüber reden. Das ist in der Kunst deutlich anders. Wenn ich als Schauspieler jemanden spiele, der wütend ist, dann bin ich selbst nicht wütend und kann durch die – im guten Fall ehrlich – gespielte Wut vieles mitteilen. Das kann komisch, tragisch, traurig und noch vieles andere sein. Die Intention des Sprechens ist mehr als der begriffliche Inhalt der Mitteilung. Die Intention urständet ganz im Zentrum des menschlichen Selbst und steigt über verschiedene Stufen zum begrifflichen Inhalt herunter. Kann ich diesen Weg verfolgen? Spätestens bei der Suche nach einer Antwort auf diese Frage müssen wir das Gebiet des Nachdenkens verlassen und uns der Meditation widmen.

1.8 Zeitgemäße Meditation

Die Art der zeitgemäßen Meditation aus anthroposophischer Sicht ist in verschiedenen Werken von Rudolf Steiner, Georg Kühlewind und kurz auch vom Autor beschrieben worden.[18] Da dieses Thema insbesondere bei Kühlewind ganz ausführlich beschrieben wird, gehe ich darauf hier nur kurz ein.

Das Wichtigste ist, dass Meditation eine außergewöhnliche Intensivierung der Aufmerksamkeit bedeutet. Der Weg zur Meditation führt durch vorbereitende Übungen der Konzentration. In der Gedankenkonzentration üben wir mit einfachen, menschengemachten Gegenständen oder Begriffen (wie Löffel, Büroklammer, oder auch Kreis, Dreieck und so weiter) ausgehend von der Vorstellung, in der Wahrnehmungskonzentration an Naturgegenständen (wie an einem Blatt, einem Kieselstein, dem Rauschen eines Baches) ausgehend von der Sinneswahrnehmung. Die Konzentration an einem menschengemachten Gegenstand beginnt mit der gründlichen Vorstellung des Gegenstandes mit einem begleitenden gedanklichen Text (wie sieht ein Löffel aus, wozu ist er da, wie wird er gemacht und so weiter). In weiteren Schritten wird das Bild immer ruhiger und der Begleittext immer weniger, die

---

18 Siehe dazu z.B. G. Kühlewind: *Vom Normalen zum Gesunden*, R. Steiner: *Wie erlangt man Erkenntnisse der höheren Welten?* GA 10 und L. Böszörmenyi: *Über die Meditation*, (https://www.itec.aau.at/~laszlo/Antro/Uebungsweg.pdf), auch veröffentlicht in *Das Goetheanum*.

Erfahrung deshalb immer konzentrierter. In der höchsten Stufe kann ich sowohl auf das Vorstellungsbild als auch auf den Begleittext verzichten, die Idee des Gegenstands füllt meine ganze Aufmerksamkeit aus und ich werde gewahr: Ich bin der Schöpfer dieses Gegenstands, seine Idee wird gerade aus meiner Aufmerksamkeit geformt und *ich* bin diese formende Aufmerksamkeit. Das ist eine Ich-Erfahrung in der reinen geistigen Tätigkeit (von Angesicht zu Angesicht, nicht gespiegelt am Bild eines Objektes, wie üblich). Sie wird von Steiner und Kühlewind oft „Grunderlebnis des Geistes" genannt[19]. Sie ist die Voraussetzung für jegliche zeitgemäße Meditation.

Eine zeitgemäße Meditation geht vom Denken aus, weil beim modernen Erwachsenen das Denken die hellste und autonomste gegebene geistige Fähigkeit ist. Wenn ich von einem Text, etwa von einem Meditationssatz ausgehe (wie zum Beispiel „In Anfang war das Wort", Joh. 1,1, hier in der Übersetzung von Georg Kühlewind, der explizit „In Anfang" übersetzte, wir erklären das gleich noch näher), dann kommt zuerst eine Phase des gründlichen Nachdenkens: Was verstehe ich davon, was nicht, was alles könnte das bedeuten? Wenn ich dabei nicht abschweife, sondern konzentriert beim Thema bleiben kann, wird die Intensität des Denkprozesses immer größer und benötigt immer weniger Worte. Es kann sein, dass ein einziges Wort schon für die ganze Bedeutung steht. In der nächsten Stufe kann auch dieses letzte Wort wie durchsichtig werden: Ich denke nicht mehr, sondern werde zum Sinn des Satzes, lebe und erlebe ihn. Ich bin vom Thema des Satzes nicht mehr getrennt, bin eins mit ihm. Ich bin bei der Quelle

19 G. Kühlewind: *Bewusstseinsstufen*, Kapitel *Das Grunderlebnis des Geistes*. Verlag Freies Geistesleben, 1976.

des Denkens, *ich bin* diese Quelle. Das kann für einen Augenblick dauern, besser auch länger, und es drängen immer auch ganz neue Erkenntnisse ins Bewusstsein.

Die Meditation kann entsprechende Sätze als Ausgangspunkt nehmen (etwa aus der Bibel, von Steiner, von Kühlewind und noch manchen anderen Autoren), oder Wahrnehmungsphänomene und auch entsprechende Symbolbilder (wie das Rosenkreuz). Das Wesentliche dabei ist aber immer die Steigerung der Intensität der Aufmerksamkeit, ihre Erhebung auf eine Stufe, wo sie frei und gegenwärtig fließt. Damit ist jede Meditation eine *qualitativ neue Erfahrung*: Ich kann den gleichen Satz hundertmal meditieren, wenn ich ihn wirklich – also voll konzentriert – meditiere, ist die Erfahrung immer neu, was nicht ausschließt, dass der ursprüngliche Satz noch immer der beste *Ausdruck* dieser lebendigen Erfahrungen bleibt.

1.9 Wie steigt der Sinn eines Satzes herunter, wie steige ich zu ihm hinauf?

Wir nehmen dazu einen Text aus dem schon angesprochenen Prolog des Johannes-Evangeliums: die ersten fünf Verse (in der Übersetzung von Georg Kühlewind).[20] Die hier dargestellten Gedanken sind Ergebnisse vielfacher, über Wochen und auch über Jahre durchgeführter Meditationen. Sie wollen kei-

20 Das Johannes-Evangelium und dessen Prolog wird von Georg Kühlewind in seinem Buch *Das Gewahrwerden des Logos* sowie von Rudolf Steiner in seinem Buch *Das Johannes-Evangelium* ausführlich behandelt. In diesem Schreiben beschränke ich mich aber möglichst auf eigene Erfahrungen während der Meditation der Texte.

nesfalls eine „Deutung“ sein und schon gar keine endgültige Deutung. Es geht sowieso nicht nur um die Bedeutung, sondern viel mehr um die innere Sinn-Bewegung, die innere „Melodie“ des Textes. Solche Texte sind Quelle unendlicher Erfahrungen, weil sie selbst aus einer ewigen, lebendigen Quelle stammen.

1. *In Anfang war das Wort*
   und das Wort war bei Gott
   und Gott war das Wort.

Kühlewind übersetzt den Anfang des Satzes als „In Anfang“ und nicht „Im Anfang“ wie Luther. Damit deutet er darauf hin, dass es sich hier nicht um einen zeitlichen Anfang handelt, bei dem sich sofort die Frage stellen würde: Was war davor? Es geht hier mehr darum, dass das Wort (der *Logos*), die Urkraft, die schöpferische Kraft in allem ist, dass sie fortwährend neu anfängt. Es war schon immer und ist immer. Der Mensch lebt in doppeltem Sinne in einer Welt des Wortes.

Einerseits, weil die ganze (innere und äußere) Welt durch Begrifflichkeiten, durch Worte gegliedert wird. Die Trennung selbst ist Wort. Alles, was der Mensch erfindet, erschafft, muss zuerst als Idee geboren werden: Das zeigt uns schon eine einfache Gegenstands-Konzentrationsübung. Es gibt keinen Löffel ohne seine Idee. Alle zigtausende Löffel der Welt sind aus dieser einen Idee geboren. So wird auch die Schöpfung der Welt im Alten Testament dargestellt, wie Rudolf Steiner zeigt.[21] Zuerst werden die Ideen der Pflanzen- und Tierarten erschaf-

21 R. Steiner: *Die Geheimnisse der biblischen Schöpfungsgeschichte*. GA 122.

fen, darauf bezieht sich der seltsame Ausdruck: jede „nach seiner Art". Diese „seine Art" ist die Idee der Art. Aber auch wenn der Mensch etwas entdeckt, heißt das, dass er etwas Neues „bemerkt" hat, einen neuen Begriff gebildet hat.[22] Wir sagen, er hat etwas entdeckt, was schon vorher da war. Das wissen wir aber erst *nach* der Entdeckung. Vielleicht wartet eine ganz neue Welt darauf, dass wir sie entdecken – und damit auch erschaffen.

Andererseits ist das Wort immer zwischen Du und Ich. Den Menschen allein gibt es gar nicht, wir leben ständig in Interaktion. Auch in der Einsamkeit suchen wir das Gespräch – mit uns selbst oder im Gebet oder in der Meditation mit höheren Wesen. Jede Schöpfung ist gleichzeitig Gespräch, sie sagt etwas. Nicht notwendigerweise mit Worten einer Sprache, aber sagend, sprechend, ansprechend. Wenn das fehlt, dann ist es keine Schöpfung, sondern eine Kopie oder gar Fälschung von etwas Bestehendem. Der Mensch müsste eigentlich fortlaufend – oder zumindest immer wieder – Neues schaffen. Wenn wir das nicht tun, leben wir unter unseren Möglichkeiten, unter unserer Würde. Das ist die „Sünde", die Abweichung vom Weg. Das Böse ist nie selbstständig, sondern immer parasitär. Es nimmt Ergebnisse der Schöpfung von Göttern und Menschen und verwendet diese wieder – anstatt sie zu verstehen und weiter zu schaffen.

Ein Anfang setzt einen Anfangenden voraus. Wenn ich mit etwas anfangen will, muss ich schon da sein, und auch mein Wille, um etwas anzufangen. Dazu muss ich die Fähigkeit ha-

---

22 „Es scheint, als müsse der menschliche Geist zuerst unabhängig Formen konstruieren, bevor wir diese in den Dingen finden," Albert Einstein.

ben, etwas frei aus dem Nichts zu schaffen. Und davor muss ich schon ohne irgendeine Absicht und ohne irgendeine Trennung da sein.

Es wird nun klar, dass diese drei Sätze aus dem Johannes-Evangelium Stufen aufwärts bilden, sie kommen also umgekehrt von oben herunter. Rückwärts gelesen ist also zuerst der dritte Satz: „Gott war das Wort (der Logos)". Es hat sich noch nichts geregt: Gott und sein Wort sind noch eins, die Schöpfung hat noch nicht begonnen. Dann der zweite Satz: „das Wort war bei Gott": Jetzt ist das Wort seine Fähigkeit, die „bei ihm" ist, nichts ist näher zu ihm als sein Wort, aber sie sind nicht mehr eins. Das ist der Moment vor der Schöpfung: Sie hat sich noch nicht geregt, hat aber schon eine Orientierung aufgenommen; das Wort kann genutzt werden. Und in der nächsten Stufe, im ersten Satz – „In Anfang war das Wort" – ist die erste Regung: Etwas fängt an. Dieser Vers zeigt also die Stufen des schöpferischen Geistes von unten nach oben, oder rückwärts betrachtet von oben nach unten. Und es geht so weiter (Joh. 1,2–3):

2. *Dieses war in Anfang bei Gott.*

3. *Alles ist durch es entstanden*
und außer ihm ist nichts entstanden.

Der Text im ersten Vers ist in drei Stufen aufgestiegen, jetzt steigt er wieder herunter. Es wird der zweite Satz des ersten Verses wiederholt: „Dieses (der Logos) war in Anfang bei Gott" und dann kommt die Schöpfung, die Entstehung: „Alles ist durch es entstanden". Gott spricht etwas aus, und damit wird dieses – als eine Idee, als ein „Wort" – erschaffen. Dieser Gedanke kann uns heute besonders viel Trost spenden. Denn die äußere, uns entfremdete „Welt" liegt offensichtlich im Sterben. Pflanzen- und Tierarten verschwinden in rasender Geschwindigkeit, Seuchen und Umweltschäden verbreiten sich, gepaart mit Angst und Schrecken. Wenn wir aber in der Meditation bewusst erleben, dass alles aus dem Logos entstanden ist und dass diese Kraft, die Kraft des Logos, die Kraft der Schöpfung in uns unsterblich vorhanden ist, dann wissen wir, dass dieses offensichtliche Sterben als ein Schrei zu deuten ist: Trete Du, Mensch an die Stelle, derer Du würdig bist, versuche die Sprache dieser Welt zu verstehen und gib ihr neuen Sinn von Dir aus.

4. *Was entstanden ist,*
   war Leben in ihm
   und das Leben war das
   Licht des Menschen.

Bevor ein Satz ausgesprochen wird, ist er lebendiges Licht. Normalerweise erfahren wir dieses Licht nicht, es ist eine meditative Erfahrung. Solange der Mensch in diesem lebendigen Licht lebt, ist er, ähnlich einem noch nicht ausgesprochenen Satz, unsterblich; nichts Böses, nichts Unverständliches, nichts Krankhaftes kann ihn erreichen. Wenn aber ein Satz ausgesprochen wird, erstirbt sein ursprünglicher Sinn, sein „lebendiges Licht" in eine feste Form. Zunächst in eine geformte Idee, dann in einen geformten Satz, oder in ein Kunstwerk oder einen Gebrauchsgegenstand und so weiter. Jetzt kann diese Form auch ohne den vollen, lebendigen Sinn benutzt werden und damit entsteht die Finsternis:

5. *und das Licht (er-)scheint*
in der Finsternis und die Finsternis
hat es nicht ergriffen.

Die ersten fünf Verse geben eine präzise und extrem kompakte Beschreibung davon, wie der Geist Schöpfer wird. Der Text spricht von Gottes Geist, der diesen Prozess kennt. Der menschliche Geist arbeitet ähnlich, wir wissen aber meist nichts vom Prozess selbst. In der Meditation kann aber dieser Prozess gegenwärtig und völlig real erlebt werden. Das muss man nicht „glauben", das ist eine Erfahrung, die jeder nachvollziehen kann. Diese Erfahrung wäre der wahre Glauben des modernen Menschen, seine Wiedervereinigung, seine Religion mit seinen geistigen Quellen. Daran ist nichts Mystisches. Höchstens solange wie wir uns nicht bemühen, diese Erfahrung zu machen. Die Mühe ist allerdings groß und kann Jahrzehnte dauern. Das ist aber nebensächlich. Die Ausbildung zum Physiker dauert auch viele Jahre. Warum wäre das wichtiger als die Ausbildung zum Menschen?

2. Die Sprache der Wissenschaft

2.1 Die Denkweise der Wissenschaft

Unter Wissenschaft verstehen wir hier die neuere, die „moderne" Wissenschaft (nach Steiner die der letzten fünf bis sechs Jahrhunderte). Wie wir schon kurz angesprochen haben, blüht diese Wissenschaft seit der Renaissance mit einer unvorstellbaren Intensität auf. Durch die allgemein gewordene Fähigkeit der Erfahrung der eigenen Gedanken und der damit einhergehenden Entfremdung des Menschen von der Natur entstehen einerseits ganz neue Fragen, andererseits wird eine nie dagewesene geistige Freiheit möglich, die auch in den gesellschaftlichen Entwicklungen ihren Niederschlag findet und zu demokratischen Änderungen führt, wie der Französischen Revolution oder der Entstehung der Vereinigten Staaten.

Eine weitere Folge dieser Entwicklung ist die Erstarkung der Individualität der Menschen. Im Mittelalter stammen die meisten Kunstwerke noch von „anonymen" Künstlern – der Name ist unwichtig, ein Kunstwerk entsteht im Dienst Gottes, der Künstler bleibt bescheiden im Hintergrund. Ab der Renaissance wird das anders. Große, geniale Individualitäten treten auf, sowohl in der Kunst als auch in der Wissenschaft. Der Mensch wird „das Maß aller Dinge", es entsteht der Anspruch, dass ein jeder Mensch imstande ist, die Wahrheit einer Aussage oder die Richtigkeit einer Beobachtung selbst zu prüfen.

Respektspersonen und respekteinflößende Institutionen sind nicht erwünscht, höchstens in einer stark abgeschwächten Form. Darin liegt die positive, konstruktive Rolle der Wissenschaft: Sie lehrt den Einzelnen, seine Beobachtungsgaben und sein Denken zu schärfen und damit zu allen Fragen der Welt selbst ein Urteil zu fassen. Diese Entwicklung führt dazu – verstärkt durch die Einführung der allgemeinen Schulpflicht in vielen Ländern –, dass klares, logisches Denken hoch geschätztes Allgemeingut wird. Die subjektiven Gefühle der Wissenschaftler spielen keine Rolle – nur „objektive" Beobachtung und entsprechende Urteile sind wichtig. Dass es dennoch die Subjekte sind, die die „objektive" Wissenschaft ausüben und überhaupt die Trennung zwischen Objekt und Subjekt feststellen, bleibt allerdings meistens unbemerkt. Die Wissenschaft wendet sich nach außen, am erfolgreichsten bei der leblosen Welt, der Welt der Physik. Die Physik wird so erfolgreich – wie Husserl es beschreibt[23] –, dass auch die anderen Wissenschaften versuchen, ihr methodisch zu folgen: Chemie, Biologie, sogar die Psychologie. Sie alle versuchen, die Begriffe und Methoden der Physik zu übernehmen und übersehen dabei, dass das, was für die leblose Welt adäquat sein kann, nicht für das Lebendige gelten muss – und schon gar nicht für die Seele des Menschen. Trotzdem erlangen Begriffe wie Kraft, Widerstand, Trägheit und so weiter sowie in der Methodik solche wie Wiederholbarkeit, Falsifizierbarkeit, Messbarkeit und Berechenbarkeit höchste Wertschätzung.

---

23 E. Husserl: *Die Krisis der europäischen Wissenschaften und die transzendentale Phänomenologie: eine Einleitung in die phänomenologische Philosophie,* 1936.

In den schon genannten *Leitsätzen* hat Rudolf Steiner einen wichtigen Abstufungsprozess beschrieben: Demnach hat der Mensch einst die ureigene *Wesenheit* der Schöpferwesen wahrgenommen, später nur noch ihre *Offenbarungen*, noch später lediglich ihre *Wirkung*. Letztlich blieb nur noch das *Werk*.[24] Heute sieht die Wissenschaft in der Natur nicht einmal das Werk göttlicher Wesen – eher zufällig entstandene Konstellationen einer eigenschaftslosen „Materie".

Es ist sehr interessant zu betrachten, was sich hinter der modernen philosophischen „Idee" der Materie versteckt. Wie von Kühlewind mehrfach ausgeführt: Die Materie der materialistischen Philosophie sollte von unserem Bewusstsein unabhängig sein – sie wäre also undenkbar – und sie sollte auch eigenschaftslos und damit auch unwahrnehmbar sein – denn sonst wäre sie ja dieser oder jener Stoff, nicht aber „der Stoff aller Stoffe". Das aber ist ein „Ungedanke", ein Zerrbild von etwas, an das die materialistische Philosophie nicht herankommt. Was ist dieses Etwas? Was ist der Stoff aller Stoffe?

Alles, was in unser Bewusstsein gelangt, ist eine Konstellation, eine Geste unseres Bewusstseinslichtes, unserer Aufmerksamkeit. Wenn ich sage: Hier ist ein Stuhl, dann bedeutet das: Ich habe gerade den Stuhl wahrgenommen, meine Aufmerksamkeit wurde kurz zum Stuhl. Dieses Einswerden der Aufmerksamkeit mit einer Idee (in diesem Fall mit der Idee des Stuhls) wird normalerweise nicht erfahren, nur ihr Ergebnis: der Stuhl da draußen. Ich nehme aber den Stuhl nur deshalb wahr, weil meine Aufmerksamkeit ihn aus dem Vexierbild der kontinuierlichen Sinneseindrücke herausgewählt,

24 R. Steiner: *Anthroposophische Leitsätze*, S. 99 (Artikel 112). GA 26.

abgesondert hat. Kenne ich den Begriff des Stuhls nicht, würde ich stattdessen etwas anders (zum Beispiel eine Fläche mit vier Beinen) sehen – genau das, was ich ideell erfasst habe. Der Sinneseindruck selbst – das Gefühl der Wirklichkeit, das jede Wahrnehmung begleitet – bleibt aber außerhalb. Ihn verstehen wir nicht, daran prallt unser Alltagsverstehen ab, denn er ist mächtiger als letzteres – und gerade deshalb empfinden wir ihn als Wirklichkeit. Diese Mächtigkeit bedeutet aber nicht, wie im Materialismus aufgefasst, dass dieser jenseits des Verständnisses bleibende Teil *prinzipiell* unverständlich ist, sondern bedeutet nur so viel, dass er *zunächst* außerhalb des – dualistischen – Bewusstseins bleibt. Wenn es uns gelingt, die Dualität in der Meditation zu überwinden, dann fangen wir an, auch mächtigere, nicht von Menschen geschaffene Ideen erfassen zu können.

Die Aufmerksamkeit selbst kann aus keinem physischen Stoff sein – deshalb kann sie alle Gestalten annehmen, sei es im Denken, im Fühlen oder im Wollen. Die Aufmerksamkeit ist der wahre Stoff aller Stoffe – sie ist aber eben nicht stofflich, sondern rein geistig. Der nicht durchdachte „Gedanke“ der Materie entsteht deshalb, weil wir unsere Aufmerksamkeit nicht kennen, nicht erfahren – außer in der Meditation.

Dass es des Menschen Aufmerksamkeit, sein Bewusstseinslicht ist, aus dem alles, was in unser Bewusstsein kommt, „gemacht“ ist, war früher durchaus bekannt. „Die Seele ist irgendwie alles“ [25] – sagte Aristoteles. Er versteht sogar unter

25 „Anima quoddammodo omnia – Die Seele ist in bestimmtem Sinne alles Seiende“. Aristoteles: *De anima* III, 8; 431 b. Zitiert in G. Kühlewind: *Esoterik des Erkennens und des Handelns,* Verlag Freies Geistesleben, 1995.

dem physischen Stoff etwas anderes als wir heute. Wenn er sagt, der Stoff des Schemels ist Holz, dann legt er die Betonung darauf, dass das ungeformte Holz noch viele Möglichkeiten hat, wir könnten noch vieles aus ihm machen. Haben wir aber einmal daraus einen Schemel gemacht, dann ist es kein Stoff mehr, sondern ein Schemel – also geformt. Im Zen-Buddhismus wird dieses Wissen auf verschiedene Weise ausgedrückt, am stärksten mit dem zunächst unverständlichen Spruch: „Wenn Du Buddha siehst, töte ihn". Gemeint ist: Wenn Du Dein eigenes Licht draußen erblickst, dann ist das etwas anderes, eine Illusion, und diese Illusion solltest Du töten. Buddha kannst Du nur im Geist finden, denn Buddha ist Licht, Verständlichkeit, Aufmerksamkeit. Im Johannes-Evangelium sind wir diesem Wissen auch schon begegnet: „Alles ist durch es (das Wort, den Logos) entstanden und außer ihm ist nichts entstanden." (Johannes 1, 3). Und auch in der Scholastik hat man die „prima materia" (die erste, die ursprüngliche Mutter, im wortwörtlichen Sinne) noch nicht „außerhalb", in der Unverständlichkeit gesucht.

Im Mittelalter, in der Scholastik hat man die Natur noch zumindest als Schöpfung, als „Werk" angesehen, hinter dem ein Schöpfer gestanden haben muss. Die moderne Wissenschaft wird in der Scholastik vorbereitet; ohne sie gibt es keine moderne Naturwissenschaft. In der Scholastik entstehen die Denkschulen – stark an die griechische Philosophie und natürlich an das Christentum angelehnt –, die bis heute als Vorbild für die Wissenschaft gelten. Es entsteht allerdings auch ein Riss entlang der Diskussion zwischen Realisten und Nominalisten[26]. Die Realisten erleben noch etwas von den Ideen

26 Siehe dazu z.B. R. Steiner: *Die Sendung Michaels.* GA 194.

hinter dem „Werk“ Gottes und halten deshalb die Ideen für real. Den Nominalisten fehlt diese Empfindung und sie halten die Ideen nur für angehängte Namen – also für abstrakte Begriffe.

Heute leben wir im Zeitalter der völlig abstrakten Begriffe – wir sind praktisch alle zu Nominalisten geworden. Wirklich sind für uns nur noch die Wahrnehmungen, nicht die Ideen dahinter. Hinter dieser Einstellung steht die uns allen bekannte Empfindung der Realität, die jede Wahrnehmung begleitet. Wir könnten zwar wissen, dass auch für eine Wahrnehmung unsere Aufmerksamkeit notwendig ist und dass auch die Empfindung der Wirklichkeit der Wahrnehmungen ein Phänomen des Bewusstseins ist. Das wird aber üblicherweise übersehen. Es wird nicht bemerkt, dass Wahrheit und Wirklichkeit erst durch unser Bewusstsein getrennt werden: Wahrheit entsteht durch das Denken (das aber nicht die Empfindung der Realität vermittelt), Wirklichkeit durch das Wahrnehmen (das aber ohne Ideen, also sinnlos erscheint und deshalb durch das Denken „ergänzt“ werden muss). Diese Trennung in unserem Bewusstsein kennzeichnet uns alle, ob wir uns nun zum Materialismus (Nominalismus) bekennen oder nicht. Auch religiöse Menschen erleben die Ideen oder Vorstellungen kaum als Realität. Man kann zwar sagen, dass die Welt Gottes Schöpfung ist, aber durch die Entfernung zwischen Sprache und Erkennen bedeutet das nicht, dass man das tatsächlich auch so erlebt. Möglich, dass man das so erleben möchte. Das befriedigt uns aber nie und nimmer.

Diese Bewusstseinsstruktur ist die Grundlage der zeitgenössischen wissenschaftlichen Tätigkeit. So denken und beobachten wir heute im Alltag und auch – vielleicht etwas methodischer und präziser, aber im Wesentlichen doch ähnlich – in der Wissenschaft. Der Wissenschaftler[27] beobachtet mit seiner Wahrnehmung die „von seinem Bewusstsein unabhängige Wirklichkeit" und fügt „seine Gedanken" hinzu. Diese Gedanken zählt er aber nicht zur Wirklichkeit – eben wie ein Nominalist. Er merkt nicht, dass es sein „unwirkliches Denken" ist, das die Urteile über die „Wirklichkeit" fällt, die ihrerseits ideenlos, also dem Denken unzugänglich sein sollte. Diesen tiefen Widerspruch des dualistischen Bewusstseins kann keine Theorie auflösen. Nur eine Praxis, die die getrennten Gebiete des menschlichen Erkennens (Denken und Wahrnehmen) in der – meditativen – Erfahrung zu einem monistischen, einheitlichen Können vereint, aus dem diese beide ursprünglich stammen.

---

27 Der guten Lesbarkeit willen verzichte ich auf gendergerechte Doppelbezeichnungen wie „die Wissenschaftlerin/der Wissenschaftler". Dahinter ist keine diskriminierende Absicht. Ich benutze die Berufsbezeichnung „Wissenschaftler" der Sprachtradition entsprechend – und ohne Wertung – männlich. Das heißt natürlich nicht, dass die Person, die diesen Beruf ausübt, nicht weiblich sein könnte. Als weitere Entschuldigung führe ich an, dass meine Muttersprache (Ungarisch) gar keine grammatikalischen Geschlechter kennt, eine Berufsbezeichnung wie „tudós" (Wissenschaftler) ist weder männlich noch weiblich, nicht einmal neutral, sondern hat kein Geschlecht. Die ausübende Person sehr wohl, und diese Unterscheidung kann die Sprache natürlich auch ausdrücken.

2.2 Wie entstehen die Themen der Wissenschaft?

Der Wissenschaftler lebt – wie jeder andere Mensch – in einer von der Sprache erschaffenen, aber ihm entfremdeten und ihren ursprünglichen Sinn eingebüßt habenden Welt.

„Nicht wahr, der Philosoph schaut die Rose an; dann philosophiert er durch Nachdenken. Derjenige, der hinter das Geheimnis der Rose kommen will, darf nicht nachdenken; da geschieht doch nichts. Sondern er schaut die Rose an und wird sich bewusst: Bevor sie ihm überhaupt zum sinnlichen Bewusstsein kommt, hat sich schon ein Prozess abgespielt … Durch kein Nachdenken kommt man hinter die Geheimnisse der Natur, sondern durch Vordenken."[28]

Rudolf Steiner weist hier auf die Grundproblematik der modernen Wissenschaftlichkeit hin. „Der Philosoph" steht für die ganze moderne Wissenschaft, die in ihrer Art eine gewisse Naivität aufweist. Wenn der Forscher fragt: „Was ist das, so eine Rose, wieso hat sie diese Farbe, wieso blüht sie, wieso verwelkt sie?" und so weiter, dann ist die Rose als Objekt der Untersuchung schon von vornherein gegeben. Wie sie in mein Bewusstsein gelangt, wird nicht gefragt, sie wird naiv als Tatsache angesehen[29]. In diesem Sinne ist das Denken immer ein

---

28 R. Steiner: *Schicksalsbildung und Leben nach dem Tode*. GA 157a, S. 115.

29 Man könnte entgegnen: Natürlich fragt die Naturwissenschaft auch, wie ein Bild ins Bewusstsein gelangt. Aber dann werden andere à priori gegebene Tatsachen an den Anfang gesetzt, z. B.: „Wie kommt der Lichtstrahl in mein Auge?" usw. Wie aber die Begriffe in meinem Bewusstsein geformt werden – ob der der Rose, des Lichtstrahls oder der Retina –, wird nicht gefragt, die Begriffe und Vorstellungen sind „einfach da". Dem ist aber nicht so; die bilde ich, allerdings in einem Prozess, dem ich – zunächst – nicht wach folgen kann.

„Nach-Denken“: Es kommt zu spät, wacht erst auf, wenn die fertige Welt schon da ist. Steiner sagt aber: „Bevor sie ihm überhaupt zum sinnlichen Bewusstsein kommt, hat sich schon ein Prozess abgespielt.“ Diesen Prozess kennt aber das Alltagsbewusstsein, das wissenschaftliche Bewusstsein – das „sinnliche Bewusstsein“ – nicht. Darüber zu „philosophieren“ bringt auch nicht viel. Die Frage ist nur, ob es für uns möglich ist, das „Vordenken“ – in der Meditation – zu verwirklichen oder nicht? Können wir unsere Aufmerksamkeit dermaßen steigern, dass wir die Gegenwart des Denkens, den *Denkprozess*, der sich *vor* dem Bewusstwerden des Gedachten abspielt, bewusst erleben? Wenn nicht, dann ist „Philosophie“ letztlich sinnlos.[30] Wenn ja, dann müsste der Wissenschaftler seinen naiven Standpunkt verlassen, um hinter die „Geheimnisse der Natur“ zu kommen.

Wir haben früher gesehen, dass unsere Welt erst während des Sprechenlernens in uns entsteht. Deshalb wäre die Frage mehr als berechtigt: Ist diese Welt die ganze Wirklichkeit? Das kleine Kind lebt vor dem Sprechenlernen mit Sicherheit in einer ganz anderen Welt als die Erwachsenen. Ist sie deshalb nicht wirklich? Könnte es nicht sein, dass ich durch eine Bewusstseinsschulung die Art meines Denkens und Wahrnehmens so ändern kann, dass ich nicht nur ihre Endergebnisse – die Gedanken und Wahrnehmungen – erfahre, sondern auch ihre Prozesse? Gemeint sind damit keine chemischen Prozesse, sondern Bewusstseinsprozesse. Kann ich die Gegenwart dieser Prozesse – nicht nur ihre Vergangenheit – erfahren?

---

30 Das wird heute oft so erlebt, am deutlichsten hat das Husserl in seinem Buch *Die Krisis der europäischen Wissenschaften* zum Ausdruck gebracht.

Wenn ja, dann würde ich in eine ganz andere Welt, in eine ganz andere Wirklichkeit geraten. Diese würde die Wirklichkeit der modernen Denkweise nicht ungültig machen, aber unendlich erweitern. Versuchen wir, das mit einem Beispiel zu beleuchten.

2.3 Warum verfärben sich die Blätter der Bäume im Herbst?

Vielleicht bin ich damit nicht allein, dass mich die Verfärbung der Blätter im Herbst mit einem besonderen Entzücken erfüllt. Ich weiß nicht warum. Wenn man der Wissenschaft die Frage nach der Verfärbung der Blätter stellt, erhält man eine Erklärung über chemische Prozesse, die das Phänomen verursachen. Man könnte natürlich sofort weiterfragen: Und was verursacht die chemischen Prozesse? Eine mögliche Antwort: Die Kälte, also thermische Prozesse. Und was verursacht die thermischen Prozesse? Und so weiter, und so fort. Und was ruft dieses Entzücken in mir hervor? Die Antwort könnte sein: Das ist eine ganz subjektive Angelegenheit, die Ursache liegt vielleicht in deiner Kindheit. Wieso empfinden aber viele Leute Ähnliches? Viele Menschen haben eine ähnliche Kindheit. Und so weiter, und so fort. Diese Antworten sind nicht falsch – aber auch nicht befriedigend. Warum nicht? Weil wir hinter der Verfärbung der Blätter das ganze Phänomen des Lebens sehen müssen. Die Blätter erscheinen im Frühling, zart und klein, dann gehen sie weitere Entwicklungsstufen durch, im Herbst verfärben sie sich, trennen sich von den Ästen und landen auf dem Boden, wo sie austrocknen und zerbröseln. Und das wiederholt sich von Jahr zu Jahr. Das Leben äußert sich in einem Prozess von verschiedenen Rhythmen: im Rhythmus der Atmung, des Wachstums, von Geburt und Tod und so weiter. Goethe beschreibt diesen Prozess in Bezug auf die Pflanzen in seiner *Metamorphose der Pflanzen* als einen Prozess des wechselnden Ausdehnens und Zusammenziehens.[31] Man könnte aber natürlich fragen: Was dehnt sich aus, was zieht sich zusammen? Ist es der Same, das Blatt, der Stängel? Keines von diesen – es ist nichts Stoffliches. So schwer verständlich das auch klingt: *Es ist die Idee der Pflanze und letztlich die Idee des Lebens.* Genauso, wie ich den Sinn eines Satzes nicht in der Sinneswahrnehmung des Geschriebenen sehen kann, sondern nur seinen Ausdruck, die Worte, so drückt sich die Idee des Lebens in allen Pflanzen auf verschiedene Weise aus. Die Idee selbst erscheint aber nie auf der Ebene der Sinneswahrnehmung. Für das Alltagsbewusstsein bleibt sie verborgen, in der Meditation kann sie unmittelbar erlebt werden.

Es ist also das Leben, das in verschiedenen Phasen verschiedene chemische Prozesse hervorruft und nicht umgekehrt; nicht

---

31 R. Steiner: *Einleitungen zu Goethes Naturwissenschaftlichen Schriften.* GA 1: „Wenn wir die Metamorphosenlehre Goethes, wie sie uns aus dem Jahre 1790 vorliegt, betrachten, so finden wir darinnen, dass bei Goethe dieser Begriff der des wechselnden Ausdehnens und Zusammenziehens ist. Im Samen ist die Pflanzenbildung am stärksten zusammengezogen (konzentriert). Mit den Blättern erfolgt hierauf die erste Entfaltung, Ausdehnung der Bildungskräfte. Was im Samen auf einen Punkt zusammengedrängt ist, das tritt in den Blättern räumlich auseinander. Im Kelche ziehen sich die Kräfte wieder an einem Achsenpunkte zusammen; die Krone wird durch die nächste Ausdehnung bewirkt; Staubgefäße und Stempel entstehen durch die nächste Zusammenziehung; die Frucht durch die letzte (dritte) Ausdehnung, worauf sich die ganze Kraft des Pflanzenlebens (dies entelechische Prinzip) wieder im höchst zusammengezogenen Zustande im Samen verbirgt."

verursacht, wie ein mechanischer Druck auf einen Ball Bewegung verursacht, sondern *hervorruft*, ähnlich wie meine Entscheidung, den Ball wegzuschieben, zu meiner Handbewegung führt.

Die Frage müsste also eigentlich lauten: Wieso gibt es Leben? Und auf diese Frage kann offensichtlich keine chemische Antwort befriedigend sein. Leben ist keine zufällige Begleiterscheinung von chemischen Prozessen (übrigens: woher kommen diese?), sondern eine eigene *Qualität*. Diese kann das Alltagsbewusstsein nicht fassen, weil unsere Alltagsbegriffe statisch, abstrakt sind. Sie halten immer nur den Leichnam eines Erkenntnisprozesses fest, in diesem Sinne sind sie tot und sie töten auch alles, was sie festhalten. Wenn ich versuche, das Leben durch tote Begriffe zu erfassen, fasse ich es nie. Mit einer Eis-Säge kann man Eis schneiden, nicht aber Wasser schöpfen. Rudolf Steiner schlägt eine Übung vor, die diesen Umstand bestens veranschaulicht.[32] Man halte zwei Körner in der Hand, das eine lebt, das andere ist tot. Wir könnten es überprüfen, wenn wir sie in den Boden setzen: Aus dem einen würde eine Pflanze entstehen, aus dem anderen nicht. Die Frage ist aber: Wieso sehe ich diesen Unterschied nicht schon vorher, unmittelbar? Es gibt Phänomene, aus denen ich darauf schließen kann, ob etwas lebt oder nicht, ich kann aber das Leben nicht unmittelbar sehen. Wenn ich mir überlege, dass ich nicht einmal die vom Menschen stammende Idee des Löffels in purer Form – noch bevor ein Vorstellungsbild da wäre, wie im Moment vor der „Erfindung“ des Löffels – sehen kann, sondern immer nur konkrete Löffel, dann ist es nicht so erstaunlich, dass ich das Leben nicht sehe. Und genauso, wie ich

32 R. Steiner: *Die Geheimwissenschaft im Umriß*. GA 13.

in der Gedankenkonzentration doch erlernen kann, die Idee des Löffels in purer Form zu erleben, so könnte ich vielleicht auch erlernen, das Leben zu *erleben* – im wortwörtlichen Sinne. Das ist aber offensichtlich viel schwieriger, weil die Idee des Lebens nicht von uns Menschen stammt. Aber sicherlich auch nicht vom Zufall.

Den Begriff des Lebens können wir nur in einem lebendigen, gegenwärtigen Geistesprozess erfassen, miterleben. Goethe hat diese Idee erfasst. Er schreibt in einem Brief an Charlotte von Stein aus Neapel von 17. Mai 1787:

„Die Urpflanze wird das wunderlichste Geschöpf von der Welt, um welches mich die Natur selbst beneiden soll. Mit diesem Modell und dem Schlüssel dazu kann man alsdann noch Pflanzen ins Unendliche erfinden, die konsequent sein müssen, das heißt: die, wenn sie auch nicht existieren, doch existieren könnten und nicht etwa malerische oder dichterische Schatten und Scheine sind, sondern eine innerliche Wahrheit und Notwendigkeit haben. Dasselbe Gesetz wird sich auf alles übrige Lebendige anwenden lassen."

Wer die Idee der Kaffeetasse kennt, kann Kaffeetassen „ins Unendliche erfinden, die konsequent sein müssen" – das heißt, die zum Kaffeetrinken geeignet sein müssen. Wir kennen die *schöpferische Idee* der Kaffeetasse. Die schöpferische Idee von Pflanzen oder die des Lebens kennen *wir* nicht. Goethe schon.

Als Goethe später in Weimar Schiller über die Urpflanze erzählt und ihm sogar eine Zeichnung dazu macht, versteht Schiller ihn nicht. Er hört ihm sehr aufmerksam zu und sagt: „Das ist keine Erfahrung, das ist eine Idee!" Goethe wird darüber zuerst verärgert („der alte Groll wollte sich regen"), dann antwortet er aber: „Das kann mir lieb sein, dass ich

Ideen habe, ohne es zu wissen, und die sogar mit Augen sehe."

Was geschieht hier? Schiller deutet Goethes Aussagen aus dem dualistischen Bewusstsein: Erfahrungen sind die Sinneswahrnehmungen (vielleicht auch die Gefühle), keinesfalls aber die Begriffe oder die Ideen. Und Goethes rätselhafte Antwort überbrückt die Trennung des dualistischen Bewusstseins. Eine „Idee, die man mit Augen sieht" heißt in moderner Sprache: eine Idee, die so real erlebt wird wie sonst nur die Sinneswahrnehmungen. Diese Diskussion zwischen Goethe und Schiller ist bis heute bei weitem nicht abgeschlossen. Ideen erleben wir normalerweise nicht als real – außer in der außerordentlich gesteigerten Konzentration. Goethe muss diese Fähigkeit gehabt haben – sonst hätte er ja die Idee der Urpflanze auch nie entdecken, erleben können. In der Konzentrationsübung können wir uns diese Fähigkeit aneignen. Wenn wir die reine Idee einer Kaffeetasse erfahren, haben wir den ersten Schritt dazu getan. Diese Erfahrung ist nicht weniger real als eine Wahrnehmung, im Gegenteil. Sie ist „wirklicher als wirklich", wie Steiner es ausdrückt. Die wahre Wirklichkeit der Kaffeetasse *ist* ihre schöpferische Idee.

In der Wahrnehmungsmeditation können wir lernen, Sinnesqualitäten als lebendige Ideen im Bewusstsein zu halten. Ich kann mich zum Beispiel in eine Farbe (so wie sie in einem Gemälde, in einem Glasfenster oder in der Natur auftritt) so intensiv vertiefen, dass ich mit dem „Sosein" dieser Farbe völlig eins werde, diese Farbe in mir zur Bewegung, zum Leben, zur Aussage wird. Sie sagt mir etwas – was ich aber nicht in Worte übersetzen kann. Nachher weiß ich jedoch, dass Himmelblau ganz anders „spricht" als Schneeweiß; die besten Maler können diesen Unterschied, überhaupt die „Seele der Farben" zum Ausdruck bringen. Wenn wir uns in ähnlicher Weise in die unsagbare Qualität des Lebens versenken, beginnen wir zu ahnen, dass die lebendige Idee des Lebens auch „aus dem Logos entstanden ist", auch aus der Intention eines Schöpferwesens entsprungen ist. Je mehr wir eine lebendige Idee miterleben, umso näher kommen wir zum Schöpferwesen, das sie erschaffen und „ausgesprochen" hat. So wird Erkenntnis zum Gespräch, zwischen dem kleinen Schöpferwesen, uns Menschen, und den großen, rein geistigen Schöpferwesen. Die meisten solcher Schöpferwesen scheinen die Schöpfung schon verlassen (eben ausgesprochen) zu haben. Laut Steiner ist *Michael* der Name des Leiters von Wesen, die weiterhin eine aktive Verbindung zum Menschen aufrechterhalten, aktiv, aber doch wartend. Der meditierende Mensch könnte hinter den Qualitäten des Lebens und überhaupt allen Sinnesqualitäten einerseits die Taten von Schöpferwesen entdecken. Er könnte andererseits auch solche Wesen erahnen, die stellvertretend darauf warten, dass sich der Mensch in seinem Geist zu ihnen emporhebt. Dieses Emporheben wäre das Erlernen der Sprache Michaels.

Wenn wir das verstehen, suchen wir die Erklärung der Phänomene des Lebens nicht mehr in der Chemie oder in der Physik, sondern umgekehrt: Wir wollen die Welt nicht mehr „von unten", sondern „von oben" erklären. Die „Ursache" eines Gedichts von Goethe finden wir weder in seinem benutzten Papier noch in seiner Feder, auch nicht in den grammatikalischen Gesetzen der deutschen Sprache – und in Goethes Speiseplan und seiner äußeren Biografie auch nicht. Es gibt keine Ur-Sache, sondern eine Ur-Intention, eine Quelle: In Goethe, in einem Menschen, ist eine Inspiration entstanden, die er in Gedichtform gegossen hat. Das können die meisten von uns nicht so meisterhaft wie er, aber wir alle haben – wenigstens ab und zu – neue Ideen und Inspirationen und können diese sogar manchmal zum Ausdruck bringen. Vielleicht ungeschickt – die, die uns lieben, verstehen uns meistens trotzdem.

Die Gesetze der Chemie und der Physik sind wie die Projektionen von Phänomenen höherer Dimensionen auf einer Fläche. So können wir eine Hierarchie der Ideen erahnen, an deren Spitze die Idee des Logos steht. Die moderne Wissenschaft liebt es geradezu, Begriffshierarchien (zum Beispiel Ontologien) zu erstellen. So nennt man zum Beispiel Möbel einen Oberbegriff, wozu Stuhl und Tisch untergeordnete Begriffe bilden, weil eben jeder Tisch ein Möbel ist, nicht aber umgekehrt.[33] Eine solche abstrakte Hierarchie ist hier nicht gemeint. In der geistigen Hierarchie sind die höherstehenden Ideen die schöpferischen Ideen, aus der die niedriger stehenden stammen. Der Begriff Möbel wurde nachträglich abstrahiert, nachdem man die Idee von Stuhl und Tisch schon hatte. So verhält es sich aber mit der Idee des Lebens nicht. Die ist nicht so entstanden, dass jemand aus der Beobachtung von Lebewesen diese Idee abstrahiert oder abgeleitet hat. Vielmehr sind alle Lebewesen spezielle Ausdrucksformen dieser einen Idee. Die Idee des Lebens musste von einem Wesen „erdacht", „erfunden" werden, das höhere geistige Fähigkeiten hatte als wir Menschen. So können wir hinter der Hierarchie der Ideen auch eine Hierarchie der Schöpferwesen erahnen. Das ist

---

33 Eine besondere Rolle haben abstrakte Begriffshierarchien in der Informatik erlangt. Praktisch in allen modernen Programmiersprachen ist der zentrale Begriff die „Objektorientierung", die Hierarchien von Klassen ausdrückt.

nicht etwa eine militärische Rangordnung, sondern die höher stehenden Wesen sind offener und „großzügiger“ als die niedriger stehenden. Wer „Leben“ lebendig erfassen kann, kann auch alle Lebensphänomene verstehen, nicht aber umgekehrt. Wir heutigen Menschen sind eingeladen, auf dieser Leiter der höheren Ideen, der höheren Qualitäten aufzusteigen und damit vielleicht auch einmal mit den entsprechenden Schöpferwesen ins Gespräch zu kommen. Dieser Einladung folgen wir sehr zögerlich. Damit verprassen wir unser Erbe – vielleicht endgültig. Aber vielleicht ist es noch nicht zu spät für eine Umkehr.

2.4 Der moderne „Wissenschaftsbetrieb“

Die erste Phase der nach-scholastischen Wissenschaft war noch durch eine Aufbruchsstimmung und Begeisterung gekennzeichnet. Wissenschaftler riskierten oder opferten für die Wissenschaft ihr Vermögen (wie Descartes) oder gar ihr Leben (wie Giordano Bruno und beinahe auch Galilei). Heute ist diese große Begeisterung fast gänzlich verflogen, bzw. sie hat sich verändert. Heute gibt es einen gigantischen Wissenschaftsbetrieb und die Begeisterung junger Wissenschaftler gilt mehr der Anerkennung innerhalb dieses Betriebs als dem Dienst an der Wahrheit, wie es zum Beispiel für Thomas von Aquin noch selbstverständlich war, der übrigens nicht nur Professor an einer der ersten und damals besten Universitäten (Paris) war, sondern auch Mitglied eines Bettelordens. Ich befürchte, heute würden ganz wenige Professoren ihre Forschungsarbeit für den Lohn eines Bettelmönches betreiben wollen (mich selbst nicht ausgenommen).

Im modernen wissenschaftlichen Betrieb besteht ein stetig steigender Druck, dass – vor allem junge – Wissenschaftler möglichst viel publizieren, und zwar in renommierten Organen (Zeitschriften und Tagungsbänden), die von vielen anderen gelesen und zitiert werden. Verschiedene Arten von Zitationsindizes wurden erarbeitet, die inzwischen automatisch und weltweit berechnet werden können (wie zum Beispiel die von *Google-Scholar*). Damit können nun Wissenschaftler aufgrund von ein paar Kennzahlen verglichen werden, und derjenige, der einen deutlich höheren Zitationsindex hat als ein anderer, gilt als der bessere Wissenschaftler. Ob dies immer auch zutrifft, sei dahingestellt.

Renommierte Tagungen und Zeitschriften arbeiten mit einem System von unabhängigen, international anerkannten Gutachtern. Ähnliche Experten-Gutachten entscheiden über die Genehmigung öffentlicher Forschungsgelder für Antragssteller von Forschungsprojekten. Bei großen Projekten (etwa mit einer Förderung in Millionenhöhe) ist das sogar ein mehrstufiges Verfahren. Die Gutachter sind selbst Wissenschaftler, welche die Gutachtertätigkeit meistens unentgeltlich erledigen. Sie sind selbst auch Autoren von Artikeln und Forschungsanträgen, also nicht vollständig unabhängig, wenn auch in der überwiegenden Mehrzahl integer genug, um in ihren Gutachten nur auf die Qualität zu schauen. Der ehrenamtliche Charakter dieser Tätigkeit, der Zeitdruck und einige weitere Störfaktoren belasten allerdings nicht selten die Qualität der Gutachten. Die eingereichten Arbeiten werden an drei bis fünf Gutachter verschickt, und aufgrund ihrer Einschätzung wird entschieden, ob ein eingesandter Artikel veröffentlicht wird (Peer-Review-Verfahren) bzw. die beantragten Fördermittel genehmigt werden oder nicht. Im gar nicht seltenen Fall von sich widersprechenden Expertenmeinungen ist die Entscheidungsfindung nicht klar geregelt.[34] Trotzdem ist anzunehmen, zumindest in den Extremfällen (alle Gutachten sehr gut bzw. sehr schlecht), dass hier ein „objektives Maß" an Qualität erreicht wird. Objektiv ist es natürlich nicht, aber jedenfalls von mehreren Subjekten im Einklang festgestellt. Mit diesem weltweit akzeptierten System von Gutachtern wird eine ständige Qualitätskontrolle weitgehend sichergestellt.

Dieses „objektivierende" System hat sicherlich Vorteile gegenüber einem protektionistischen, politisch beeinflussbaren System von „Schönheitswettbewerben" und „Klinkenputzen", wie der ältere Wissenschaftsbetrieb oft spöttisch bezeichnet wurde. Trotzdem hat dieses System auch große Nachteile. Junge Wissenschaftler werden so schon von vornherein gelenkt, sich an dieses System anzupassen. Revolutionär neue Ideen, die vielleicht so neu sind, dass man für sie gar keine Gutachter findet, weil es dafür noch keine gibt, werden benachteiligt. Einerseits wird bis heute bei jeder wissenschaftlichen Arbeit an erster Stelle der Innovationsanteil (*novelty*) beurteilt, was sehr zu begrüßen ist. Enthält aber andererseits der Antrag oder die Publikation zu viele Neuigkeiten, dann ist die Wahrscheinlichkeit, abgelehnt zu werden, sehr hoch. Ein weiterer Nachteil liegt in dem Umstand, dass zwar sehr wenige Menschen imstande sind, wissenschaftliche Arbeiten zu lesen und zu verstehen, aber alle imstande sind, zwei Zahlen zu ver-

34 Oft wird ein Mittelwert gebildet. Zum Beispiel zweimal „accept" und einmal „reject" wird besser als zweimal „reject" und einmal „accept" betrachtet. Meiner Meinung nach dient das nicht der Wahrheitsfindung: in beiden Fällen muss sich zumindest ein Experte geirrt haben und das müsste aufgeklärt werden. Den Mittelwert zu berechnen ist aber viel einfacher.

gleichen und so die Illusion entsteht, ein jeder könne beurteilen, wer ein guter Wissenschaftler ist und wer nicht. Es wird damit auch eine Hierarchie der Wissenschaftler definiert, die zwar nicht völlig aus der Luft gegriffen ist, aber rücksichtslos alles außer Acht lässt, was nicht in dieses System hineinpasst. So agiert die akademische Wissenschaft (nicht unähnlich zur akademischen Kunst) oft erzkonservativ. Das war schon immer so und daran hat sich nicht viel geändert – auch wenn manche gerne das Gegenteil glauben würden.

Herausragende, aber vom Mainstream revolutionär abweichende Wissenschaftler und Denker wie Steiner oder Kühlewind, hätten kaum je eine Chance gehabt, einen Antrag genehmigt zu bekommen. Sie waren allerdings auch weise genug, das nicht einmal zu probieren. Zu Steiners Zeiten war die Forschungsförderung sowieso noch anders, aber Kühlewind hätte sicher Anträge zur öffentlichen Förderung einreichen können. Als Chemieprofessor hat er das vielleicht auch getan, aber in den letzten 30 Jahren seines Lebens, die er nach einer frühen Pensionierung ausschließlich der Geisteswissenschaft gewidmet hat, hat er nicht einmal daran gedacht. Was für ein vielsagendes Bild unserer Zeit: auf der einen Seite große, oft sehr gut dotierte Forschungsinstitutionen, auf der anderen Seite ein einsamer Mensch mit einem Kugelschreiber, einer Reihe von großen Schulheften und einer mechanischen Schreibmaschine „ausgerüstet" – der auf sich allein gestellt wertvollere und nachhaltigere Forschung betreibt als vielleicht mehrere große Universitäten zusammen. Das ist tief traurig und ermutigend zugleich: Wie viel kann ein einziger Mensch, auch ohne jegliche „offizielle" Unterstützung bewirken, wenn er sich, anstatt zu jammern, den wesentlichen Dingen der Welt widmet. Wie Kühlewind selbst einmal sagte: „Man muss sich schon irgendwann entscheiden, womit man sich beschäftigen will: Mit dem Tratsch der Tante Náncsi[35] oder mit Thomas von Aquin. Ich habe mich meinerseits für Letzteren entschieden."

2.5 Der unpersönliche Charakter der Wissenschaft

Ein interessantes Merkmal der modernen Wissenschaft besteht darin, dass der Wissenschaftsbetrieb immer unpersönlicher wird, dass die Personen immer mehr hinter Institutionen verschwinden, die sich ihrerseits auch immer ähnlicher werden. Ich habe einmal einen Studenten beauftragt herauszufinden, wer die Magnetplatte erfunden hat. Die Antwort war: die Firma IBM. Mit solchen Geschichten kann ich in großer Anzahl dienen.

Natürlich wird Wissenschaft von Menschen gemacht, aber die wissenschaftlichen Publikationen haben einen fast komplett unpersönlichen Stil. Ein Werk von Mozart oder Monet erkennen wir auch, wenn wir es noch nie gehört bzw. gesehen haben – am Stil. Es ist äußerst unwahrscheinlich, dass wir unbekannte Werke von zeitgenössischen Wissenschaftlern an ihrem Stil erkennen (am Thema vielleicht, aber nicht am Stil). Man könnte auf den Gedanken kommen, hierin eine Wiederkehr des „anonymen" Künstlertums des Mittelalters zu sehen. Der moderne Wissenschaftler bleibt allerdings nicht aus Bescheidenheit und Gottesfurcht im Hintergrund. Er wird – trotz aller Eitelkeiten – dazu gedrängt, meist ohne es zu merken. Man zeichnet zwar die herausra-

35 Die sprichwörtliche Tratschtante in Ungarn.

genden – und weniger herausragenden – Wissenschaftler mit Titeln und Medaillen aus – aber das tut ja das Militär auch. Die Uniform ist trotzdem verpflichtend.

Diese Unpersönlichkeit ist kein Zufall. Scheinbar ist der Grund dafür, dass man „Objektivität" anstrebt. Subjektive Gefühle haben in der Wissenschaft tatsächlich nichts zu suchen, das gehört zu ihren wichtigsten Errungenschaften. Ich befürchte aber Schlimmeres dahinter. Es werden „Tatsachen" verkündet, aber „niemand" sagt sie: Die *sind so*, die sind ja „wissenschaftlich nachgewiesen" (*„evidence based"* – wessen evidence?). Wer aber entscheidet über die Themen, die Methoden, darüber, was als Beweis akzeptiert werden kann? Die meisten jungen Wissenschaftler übernehmen all das unkritisch von ihren Vorgängern. Themen und Methoden, die nicht die „üblichen" sind, werden von vornherein als „unwissenschaftlich" bezeichnet. (Wer das nicht glaubt, versuche einmal, einen Forschungsantrag zum Thema „Werden des Kosmos"[36] mit der Untersuchungsmethode „Meditation" einzureichen. Höhnisches Gelächter wird ihm sicher sein.) Die Antwort auf diese Fragen ist jedenfalls nicht unabhängig von der Einstellung des Wissenschaftlers zu den Grundfragen des Lebens, also von seiner Individualität, vom Entwicklungsgrad seiner Individualität. Hinter der Unpersönlichkeit der Wissenschaft verbirgt sich eine tiefe Krise: der innere Kampf um die menschliche Individualität, um den Aufstieg vom egoistischen Alltags-Ich – vom *Ego* – zur kosmischen und ewig-lebendigen Quelle jeglicher menschlichen Fähigkeit – zum *Ich*.

---

36 Siehe Anfangszitat von Steiner.

2.6 Ich und Ego

Wir haben gesehen, wie durch das Sprechenlernen die Sprache ihre Mächtigkeit verliert. Es gibt in diesem Prozess einen Moment, wo jedes Kind durch eine gewaltige – und später meistens vergessene – Intuition sich seiner selbst bewusst wird und ab dieser Zeit das Wort „Ich“ richtig benutzt. Kühlewind nennt das „die größte Intuition und gleichzeitig das größte Missverständnis des Lebens“. Größte Intuition, weil dieser Begriff sich jeder Erklärung entzieht – und trotzdem blitzt er in einer bestimmten Phase des Sprechenlernens in uns allen auf. Größtes Missverständnis, weil dieses Ich sogleich mit einem Gefühl des Körpers, oder genauer, wie Kühlewind es beschreibt, mit einem Gefühl einer „Hülle“ um den Körper[37] herum identifiziert wird. Diese Hülle des Selbstgefühls ist es, die sich Adam und Eva vor Gott verstecken ließ, weil sie sich plötzlich ihrer Nacktheit schämten – weil sie sich nach dem Sündenfall mit dem Körper identifizierten. Dieses Selbstgefühl, das wir alle kennen, das uns sagt, wir seien in unserem Körper eingeschlossen, ist nur ein Stellvertreter für die wahre Begegnung des Ich mit sich selbst in vollkommen konzentrierter, geistiger Tätigkeit. Das Selbstgefühl wird uns *gegeben*, die wahre Ich-Erfahrung müssen wir erst in Freiheit *erringen*. Wäre uns dieses Selbstgefühl nicht gegeben, könnten wir nie auf die Idee kommen, dass wir Ich-Wesen sind.

Dieses Selbstgefühl ist aber auch die Quelle unserer Unsicherheit. Es bedarf ständiger Bestätigung, denn es besteht nicht in sich selbst. Wir müssen uns ständig an ihm reiben, um uns selbst zu fühlen. Dieses Selbstgefühl ist die Quelle unserer

---

37 Siehe dazu z.B. G. Kühlewind: *Vom Normalen zum Gesunden.*

Egoität. Und die muss ständig mit neuen Erlebnissen gespeist werden. Positive Erlebnisse, wie Erfolg, sind höchst willkommen, wenn es aber nicht anders geht, passen negative Erlebnisse auch. Hass, Neid, Eitelkeiten und so weiter werden alle durch diese unersättliche Begierde genährt: Die egoistische Hülle braucht ihre Bestätigung. Das Ego-Wesen hat panische Angst davor, auf diese Reize zu verzichten. Unsere panische Angst vor der „tödlichen Langeweile", wie Michael Ende das in seinem Buch *Momo* nennt, rührt auch daher. Die ganze Unterhaltungsindustrie lebt davon und verstärkt ihrerseits diese Abhängigkeit. Die Unsicherheit drückt sich auch in der Philosophie und Psychologie aus: Es wird die Existenz eines „Ich" weitgehend angezweifelt, es wird als Sammelsurium „unserer Erfahrungen", als Konstrukt betrachtet. Wie aber kann ich Erfahrungen sammeln, wenn es mich gar nicht gibt? Wessen Erfahrungen diese dann sein sollten, bleibt unbeantwortet.

Es tobt ein schrecklicher Kampf in unserer Seele, den wir vielleicht ahnen, aber nicht wirklich wahrnehmen. Das Ego-Wesen braucht immer mehr Reize, irgendwann reicht nichts mehr (weder Erfolge noch Eitelkeiten, noch Unterhaltung, noch Alkohol, noch Drogen) und es droht der komplette Verlust des Ichgefühls. Die Seele wird „kalt und frostig" – das wäre der Sieg von Ahriman. Steiner gibt dieser Kraft zwar diesen Namen, was aber leicht missverstanden werden kann. Ahriman hatte vielleicht einmal einen Namen, hat ihn aber meiner Meinung nach verloren. Wer einen Namen hat, kann angesprochen werden, „er" hat aber keinen Namen mehr, „er" ist niemand mehr, den man ansprechen kann. „Er" ist sogar das Urphänomen der Namenlosigkeit, der Unverständlichkeit, der Unpersönlichkeit. Eine eiskalte, unpersönliche, parasitäre Kraft, die statt warmem Blut kalte Intelligenz saugt. Die zunehmende Unpersönlichkeit der Wissenschaft – und noch mehr der Technik (siehe Kapitel 2.8) – wird durch diese Kraft in uns inspiriert.

Und es gibt doch auch einen anderen Weg. Statt der Vernichtung des Egowesens: seine Umwandlung. Wenn in der Konzentration und Meditation die Aufmerksamkeit so intensiv und lebendig wird, dass sie sich selbst begegnet, dann entsteht in uns das wahre Ich-Erlebnis (wie schon zuvor erwähnt, Kapitel 1.8). Das wäre der Sinn des Lebens des Menschen auf der Erde: „die Individualisierung des Geistes", wie Kühlewind es nennt. Das Ego-Wesen wird nicht getötet, sondern umgewandelt. Es erfüllt seine ursprüngliche Aufgabe und geht in der wahren Ich-Erfahrung auf, wird in ihr durchsichtig. „Die aber ihn aufnahmen, denen gab er die Möglichkeit, Kinder Gottes zu werden, die an seinen Namen glaubten" (Joh. 1,12). Die Kinder Gottes erkennen (im sehenden „Glauben") den richtigen Namen des „Logosträgers" und erkennen auch ihre eigenen richtigen Namen, bei denen sie gerufen werden können. Sie sind nicht mehr auf die egoistische Selbstbestätigung angewiesen, in ihnen wird Egoität und Angst in Liebe verwandelt. Ob wir der nach unten ziehenden ahrimanischen Kraft oder dem nach oben rufenden Wort von Christus und Michael folgen, liegt an uns.

Die existentielle Unsicherheit des modernen, egoistischen Menschen stellt uns vor die Frage: Wie sicher ist unsere Wissenschaft? Und die Antwort lautet – so überraschend das auch klingen mag: genauso sicher, wie unser Denken sicher ist. Deshalb versucht man ja die Wissenschaft, so gut es geht, auf eine mathematische Basis zu stellen: In der Mathematik fühlen wir unser Denken am sichersten. Schon Descartes hat verlangt, dass sich die Wissenschaft nur mit Themen beschäftigen soll, bei denen das Denken sich so sicher bewegt wie in der Mathematik. Das wurde dann später „weiterentwickelt" und als eine Forderung nach möglichst viel Mathematik in der Wissenschaft uminterpretiert. Wissenschaften, die das können, nennt man *„hard sciences"* (an erster Stelle die Physik), die anderen – etwas abschätzig – *„soft sciences"*. Und die neueste Tochter dieser Forderung ist die Informatik, die Erschaffung der reinen „mathematischen" Maschine. Bevor wir auf dieses Thema eingehen, werfen wir einen Blick auf die Sicherheit im Denken und in der Mathematik.

2.7 Wie sicher ist unser Denken, woher kommt die Mathematik?

„Die Seele hat ein natürliches Vertrauen zu dem Denken", sagt Rudolf Steiner.[38] Kann man dem eigenen Denken vertrauen? Habe ich mich in meinem Leben nicht schon tausendmal geirrt? Aber woher weiß ich das? Meine Irrtümer wurden als solche von dem gleichen Denken ans Tageslicht gefördert, das die Irrtümer begangen hat. Und mein Zweifeln am Denken ist selbst auch Denktätigkeit. Am aktuellen Denken kann ich gar nicht zweifeln, ihm vertraue ich immer, ob ich will oder nicht. Ich kann gar nicht anders. *Nachträglich* kann ich an jedem Gedanken zweifeln, nicht aber am aktuellen Denken. Was ich aktuell denke, halte ich immer für wahr. Wie kommen dann die Irrtümer in den Denkprozess? Kann sich das Denken irren? Eindeutig nicht, sonst könnte es die eigenen Fehler nicht entdecken. Die Irrtümer entstehen immer dann, wenn mein

---

38 R. Steiner: *Die Schwelle der geistigen Welt.* GA 17.

Denken *aussetzt*; wenn der Denkprozess nicht konzentriert genug war.

„Aber alle Irrtümer werden durch externe Faktoren (wie Emotionen oder Erziehung) hervorgerufen, das Denken selbst irrt sich nicht“[39], sagte Kurt Gödel, der eigenartige österreichische Mathematiker, der eine ganz besondere Rolle in der modernen Mathematik gespielt hat. Er war ein „mathematischer Platonist“; er behauptete, die Gegenstände der Mathematik seien genauso real wie die der Wahrnehmungswelt, nur unser Wahrnehmungsorgan für sie sei nicht Auge oder Ohr, sondern die Intuition. Er war ein extrem bescheidener und ehrlicher Mensch, es spricht also viel dafür, dass er diese Fähigkeit tatsächlich hatte; er erlebte die mathematischen Objekte (also Begriffe) so real wie wir einen Löffel in der Hand. Er ist im Erleben der Wirklichkeit einer Idee vielleicht nicht so weit gekommen wie Goethe und konnte seine außergewöhnlichen Fähigkeiten auch nicht richtig einordnen, was seinem Leben eine sehr tragische Richtung gab.[40] Trotzdem war er einer der wenigen Menschen der neueren Wissenschaft, die an die Grenze des Bewusstseins gekommen – und dort allerdings zurückgeschreckt sind.

Am Anfang des 20. Jahrhunderts hat der große Mathematiker in Göttingen, David Hilbert, das Programm der forma-

---

39 K. Gödel: „But every error is due to extraneous factors (such as emotion and education); reason itself does not err.“ Zitiert in *Incompleteness – Kurt Gödel* von Rebecca Goldstein.

40 Gödel ist psychisch erkrankt und litt an Verfolgungswahn. Das hat sein früherer Lieblingsprofessor wenig empathisch aber irgendwie nachvollziehbar so kommentiert: „Ich weiß nur nicht, ob er daran erkrankt ist, dass er die Unbeweisbarkeit bewiesen hat oder umgekehrt.“

listischen Auffassung der Mathematik ins Leben gerufen. Er wollte die Mathematik als ein selbständiges Gedankengebäude aufbauen, das nichts von außen braucht, keine externen „Intuitionen" wie die Axiome, deren Wahrheit à priori, intuitiv einzusehen ist. Laut Hilbert und anderen müssen aber die Axiome nicht wahr sein, sie werden nur definiert, wie zum Beispiel die Regeln des Schachspiels. Damit verzichtet die Mathematik auch auf den Anspruch eines Bezugs zur Wirklichkeit – was wir durchaus auch als eine Befreiung ansehen können. Wir brauchen also nur einige Definitionen und die Regeln der Beweisführung und damit können wir unterschiedliche formale Systeme – je nach Grundannahmen und Regeln – ableiten. Damit würde eine vollständig verständliche, durchsichtige Mathematik entstehen, die sich auf nichts weiter stützen muss. Diese Vorstellung hat eine unverkennbare Ähnlichkeit mit dem Bild der durchsichtigen, von innen beleuchteten himmlischen Stadt, mit dem himmlischen Jerusalem.[41] Und trotzdem fehlt ihr das wichtigste: die Verbindung zur Quelle. Das himmlische Jerusalem steigt vom Himmel herunter. Hilberts perfektes Gebäude wäre aber ein geschlossenes System gewesen, das keine Verbindung „nach oben" hat. Dass die Regeln und die Beweisführung selbst auf Intuition aufbauen, wurde interessanterweise übersehen.

Der junge Gödel hat mit seinen Unvollständigkeitssätzen bewiesen, dass kein formales System (das zumindest die

41 *Offenbarung*, 21, 10, 23: „Und er führte mich hin im Geist auf einen großen und hohen Berg und zeigte mir die große Stadt, das heilige Jerusalem, herniederfahren aus dem Himmel von Gott, die hatte die Herrlichkeit Gottes… Und die Stadt bedarf keiner Sonne noch des Mondes, dass sie scheinen; denn die Herrlichkeit Gottes erleuchtet sie, und ihre Leuchte ist das Lamm."

Mächtigkeit der Arithmetik besitzt) erstellt werden kann, das sich selbst widerspruchsfrei begründen könnte. In jedem solchen formalen System können beweisbar „unbeweisbare" und trotzdem wahre Sätze erstellt werden. Klingt verrückt, ist es auch. Als der junge Gödel seine diesbezügliche Aussage bei einem Kongress in Königsberg – der Geburtsstadt von Hilbert und Wirkungsstätte des großen Euler – äußerte, wurde sie von allen anwesenden großen Mathematikern überhört – abgesehen von dem ungarisch-amerikanischen Mathematiker John von Neumann, dem späteren Erfinder des Computers. Er verstand sofort, dass damit Hilberts Projekt scheiterte und führte danach eine längere Korrespondenz mit Gödel.

Der Unvollständigkeitssatz bedeutet, dass Baron Münchhausen sich selbst nicht am Schopf aus dem Wasser ziehen kann, auch in der Mathematik nicht. Mit anderen Worten: Die Mathematik kann sich selbst nicht begründen[42], ihre Grundlage ist die Denkfähigkeit des Menschen. Ohne menschliche Intuition gibt es keine Mathematik. Die Grundbegriffe können wir nicht definieren. Zum Beispiel können wir den Begriff des „Definierens" nicht definieren – womit denn? Das perfekte Gedankengebäude der Mathematik – übrigens auch manches Gebäude der Philosophie – ist eingestürzt. Die Lehre daraus lautet: Es gibt keine abgeschlossene Lehre. Gott sei Dank. Eine endgültige Erklärung der Welt wäre ihr Todesurteil. Wir können aber eine solche auch nicht finden. Weil die Welt sich entwickelt – solange der Mensch sich entwickelt. Wenn der Mensch das nicht tut, dann gibt es keine Zukunft

---

42 Siehe dazu auch das exzellente Buch von A. I. Wittenberg: *Vom Denken in Begriffen*. Birkhäuser, 1968.

mehr – dann ist die Weltgeschichte tatsächlich am Ende. Wer könnte aber ein solches Todesurteil aussprechen? Nur der Mensch selbst. Aber während er das tut – und wir tun es sehr häufig in verschiedenen Formen – könnte er merken, dass die Instanz in ihm, die das tut, außerhalb der selbst aufgestellten Gesetzmäßigkeiten steht. Aussagen, die letztlich zu solchen Konsequenzen führen wie: „Der Mensch ist ein Tier“, „Es gibt keine Freiheit“, „Es gibt kein Ich“, „Mich gibt es gar nicht“, „Denken ist ein Nebenprodukt des Gehirns“ widersprechen sich selbst, weil sie nicht ausgesprochen werden könnten, wenn sie wahr wären. Es verhält sich hier genauso wie mit dem Paradoxon über den Lügner von Kreta.[43] Wenn der Mensch ein Tier wäre, würde er das nicht merken. Wenn ein Tier merken würde, dass es ein Tier ist, wäre es ein Mensch. Wenn es keine Freiheit gäbe, hätten wir keine Idee der Freiheit, die wir verneinen könnten. Wenn das Denken ein Produkt des Gehirns wäre, dann gäbe es keine Wahrheit, nur biologische Prozesse. Und so weiter. Wenn sich der Mensch als geistiges Wesen verleugnet, macht er auch das dank seiner geistigen Fähigkeiten. Das aber könnte er jederzeit merken und umkehren und neu anfangen.

Die Unsicherheit in unserer eigenen Existenz und die Unsicherheit im eigenen Denken rühren daher, dass unsere Aufmerksamkeit schwach und zerstreut ist. So entstehen „Löcher“ in der Aufmerksamkeit, Löcher in der Ich-Erfahrung, Löcher

43 Das Paradoxon stammt von dem griechischen Philosophen Zenon und lautet: „Ein Kreter sagt: Alle Kreter sind Lügner.“ Die Aussage „Alle Kreter sind Lügner“ kann wahr oder falsch sein. Das kann aber unmöglich von einem Kreter gesagt werden: Dann wäre sie weder wahr noch falsch; der Inhalt der Aussage widerspricht der Tatsache des Aussagens.

im Denken – die Irrtümer.[44] Das erklärt auch, warum dieses Thema so viele große moderne[45] Philosophen, wie Kant, so intensiv beschäftigt hat. Trotz des gegebenen Vertrauens zum aktuellen Denken erleben wir ständig diese Unsicherheit. Diese Unsicherheit lässt sich durch keine Theorie vertreiben. Daraus könnten wir zwei Schlussfolgerungen ziehen. Die eine wäre: einen inneren Schulungsweg anzutreten, um diese Schwächen in uns zu überwinden. Die andere ist der Versuch – und das hat letztlich zur Erfindung des Computers geführt – den Denkprozess zu mechanisieren, zu automatisieren, um ihn damit fehlerfrei zu machen. Dieser Versuch läuft noch immer und immer intensiver.

Die Einschränkungen, die von Gödel gezeigt wurden (später auch von anderen, wie Alonzo Church, in anderen Formen), gelten auch für die Informatik. Ein Programm ist ein formales System, das sich auch nicht selbst begründen kann. Es wurden zwar Programmgeneratoren und auch automatische Beweissysteme erfolgreich erstellt, aber immer mit Einschränkungen. Es lässt sich zum Beispiel einfach beweisen, dass man kein Programm erstellen kann, das von jedem Programm feststellen kann, ob es je endet oder unendlich läuft.[46]

---

44 Es gibt übrigens auch Irrtümer im Fühlen und Wollen, siehe dazu: G. Kühlewind: *Aufmerksamkeit und Hingabe*, Kap. Missverstehen im Denken und Fühlen, Das Missverstehen im Willensbereich. Freies Geistesleben, 1998.

45 Modern hier im Sinne von: ca. ab dem 15. Jahrhundert.

46 Nehmen wir an, wir hätten eine Funktion f_1, die über eine *beliebige* Funktion sagen könnte, ob sie terminiert. Dann könnten wir eine weitere Funktion f_2 erstellen, die genau dann terminiert, wenn f_1 von einer Funktion behauptet, dass sie nicht terminiert. Wenn wir nun f_1 fragen, ob f_2 terminiert, dann antwortet sie entweder mit ja – dann terminiert aber f_2 eben nicht. Oder mit nein, dann würde f_2

Trotzdem scheint die Vorstellung extrem anziehend zu sein, unsere Gedankengänge in eine Maschine zu verlagern, die uns einfach sagt, ob ein Gedankengang richtig oder falsch ist. Die eine Frage ist, ob wir eine solche Maschine bauen können. Eine andere – vermutlich die viel wichtigere Frage – ist: Warum sollten wir das? Was drängt uns so unwiderstehlich dazu? Damit würde jedenfalls die Gedankenkraft dem Menschen vollständig entwendet – das wäre der Sieg Ahrimans. Vielleicht erklärt das auch den Eifer hinter solchen Bestrebungen.

2.8 Die verfrühte neue Schöpfung – die Entstehung der Technik

„In luziferische Illusionen verfallen, heißt nicht voll Mensch werden, nicht bis zur Freiheit-Etappe vorschreiten wollen, sondern auf einer zu frühen Stufe der Entwickelung – als Gott-Mensch – stehenbleiben wollen. In ahrimanische Verlockungen verfallen, heißt nicht warten wollen, bis bei einem bestimmten Grade des Menschtums der rechte kosmische Augenblick gekommen ist, sondern diesen Grad vorausnehmen wollen", formuliert Steiner.[47]

Wenn etwas Neues „aus dem Nichts" entsteht, steht jemand dahinter, ein Ich-Wesen, das das Neue erschafft. Der Mensch hat diese Fähigkeit auch: „Der Heilige Geist beseligt den Menschen, wenn er imstande ist, aus dem Nichts heraus

---

terminieren. Die Art dieser Beweisführung ist der von Gödel ziemlich ähnlich.

47 R. Steiner: *Anthroposophische Leitsätze.* GA 26, S. 105

das Richtige oder Wahre, das Schöne und Gute zu schaffen."[48] Was so entsteht, ist nie böse, sondern gut. Das Böse hängt sich immer nachträglich an, wenn etwas schon da ist oder gerade im Entstehen ist.

Wenn wir an etwas festhalten, was zu seiner Zeit neu und gut war, obwohl wir es schon hinter uns lassen müssten, wird es böse („luziferisch"). Wenn wir zum Beispiel bei Lehren oder Lebensweisen ausharren, die einmal zeitgemäß waren, es heute aber nicht mehr sind, so ist das luziferisch. Wenn wir nicht abwarten können, bis etwas Neues geboren wird, sondern eine Art „Frühgeburt" erzwingen, wird das auch, aber in anderer Weise böse („ahrimanisch"). Es geschieht nicht selten, dass große Intuitionen oder Inspirationen unvollkommen, verfrüht, verzerrt „heruntergeholt" werden. So kann man die Technik als eine tote Frühgeburt aus einer innigen und zukunftsträchtigen Sehnsucht in uns betrachten: Neues zu schaffen „aus dem Nichts", „aus dem Heiligen Geist" und so in den Reigen der Schöpferwesen einzutreten, und „einen neuen Himmel und eine neue Erde", wie in der Offenbarung von Johannes (21, 1) vorhergesagt, zu erschaffen.

Man könnte zu Recht sagen: Das ist aber echt tückisch. Zurück in die Vergangenheit sollte man nicht, zu früh in die Zukunft auch nicht. Und stehenbleiben erst recht nicht. Was sonst? Auswegloser geht es kaum. Lassen wir die Frage offen – obwohl wir die Antwort sicherlich schon ahnen.

Wir können heute diese beiden Versuchungen überall sehen, meistens sogar gemischt. Bei anderen Menschen sehen wir sie sehr leicht, bei uns selbst ist es etwas schwieriger. Die erste Versuchung äußert sich in einer Art Nostalgie: Die höhe-

---

48 R. Steiner: *Geisteswissenschaftliche Menschenkunde*, S. 312. GA 107.

ren Mächte sollten sich um uns kümmern, sie sollten die Schwierigkeiten vertreiben und uns ins ewige Glück führen. In dieser extremen Form sagt das natürlich kaum jemand, aber insgeheim wünschen wir uns das alle von Zeit zu Zeit. Die Menschheit wurde durch lange Zeit geführt, eine Weile durch direkte Eingebungen aus der geistigen Welt, später vermittelt durch Personen, die diese Gabe noch hatten. Wir wünschen uns auch heute oft solche Respektspersonen und Gotteskönige zurück. Das ist die Grundlage jeder modernen Diktatur. Die Diktatur hat viele Formen, es gibt sie nicht nur in der Politik, sondern auch in Familien, in verschiedensten menschlichen Organisationen, auch in solchen, die sich besonders spirituell wähnen. Diese Haltung ist retrograd, zeigt nicht mehr nach vorne, zieht uns zurück. Wir sind heute imstande, auf unser Bewusstsein zu reflektieren (d.h. wir wissen, dass wir denken, dass wir ein Bewusstsein haben und so weiter), damit haben wir die Stufe der Mündigkeit erreicht. Wir sind der Möglichkeit nach frei. Entweder nehmen wir diese Freiheit an, oder wir flüchten vor der Freiheit in eine krankhafte, nostalgische Abhängigkeit. Den modernen Alltag verbringen wir fast ausschließlich mit dieser Flucht und deren Ausschmückung. Flüchtlinge der Armut und des Elends lehnen wir ab – wie elend unsere oft luxuriös ausgestattete Flucht vor der Freiheit ist, merken wir kaum.

Die andere Versuchung ist vielleicht noch schwieriger zu erkennen und wir müssen dazu etwas ausholen. Hören wir dazu Georg Kühlewind:

„Die Welt ist Licht; ihre Grundkraft ist das Licht, die Bewusstheit, durch die sie zur Welt wurde. Das vollständige ganze Bewusstsein ist die Welt selber, samt allen ihren Verborgenheiten, samt dem Bewusstsein, das auf sich selbst, auf die

Welt schaut. ‚Teil-Bewusstsein' heißt, dass nicht die Welt im Bewusstsein ist, nicht das Licht, sondern *etwas*…

Teil-Bewusstsein bedeutet nicht bloß Zerfallen des Bewusstseins, sondern zugleich Zerfallen des kosmischen Menschen, das Heraussetzen seiner einzelnen Teile und ihre Verselbständigung in der Welt: das Entstehen der Natur. Diese kann im Bewusstsein ‚gespiegelt' werden und durch die Sinnesorgane den menschlichen Organismus formen, weil sie aus dem Menschen herausgefallen ist; sie formt ihn nach dem Prinzip der Entsprechung. Schon die Sinnesorgane selbst sind Ergebnisse dieses Vorganges: Sie empfinden, was als ihnen Entsprechendes nach außen gekommen ist."[49]

Der moderne Mensch erlebt sich selbst von der Welt[50] getrennt – und trotzdem hat er eine dunkle Ahnung von einer tiefen Verwandtschaft mit ihr. In der Wissenschaft beschränkt sich das auf eine materielle Verwandtschaft: Der Körper des Menschen ist ja auch Teil der Natur. Man stellt es sich etwa folgendermaßen vor: Aus der leblosen Materie (woher sie kommt, wissen wir nicht, ein „Urknall" erklärt ja nichts) ist durch Zufall Leben entstanden. Zuerst ganz einfache, dann immer komplexere Lebewesen. Das widerspricht zwar allen Lehren der Thermodynamik, nach der einfache Strukturen wahrscheinlicher als komplexe sind. Trotzdem wird angenommen, dass über viele Millionen Jahre (die lange Zeit ersetzt sowieso oft jede weitere Erklärung) die Entwick-

---

49 G. Kühlewind: *Die Wahrheit tun*, Kap. Die Reinheit des Strebens.

50 In manchen Sprachen, wie im Ungarischen und Russischen, sind „Welt" und „Licht" das gleiche Wort oder haben den gleichen Wortstamm. „Ich bin das Licht der Welt" klingt auf Ungarisch: „Én vagyok a világ világossága." (Ich bin die Lichthaftigkeit des Lichtes).

lung der Erde immer unwahrscheinlichere Zustände angenommen hat. An der Spitze dieser zufälligen Unwahrscheinlichkeiten steht dann der Wissenschaftler selbst, der das alles entdeckt.

Man müsste zumindest als Hypothese auch eine umgekehrte Geschichte gelten lassen, wie sie der obige Text von Kühlewind in sehr kompakter Form darstellt. Nicht von unten, sondern von oben ist die Erde in ihrer heutigen Form entstanden. Die Erde, und auch der menschliche Organismus, ist mit einem Ziel erschaffen worden: dass der Mensch eine Umgebung erhält, in der er sich wie in einem Spiegel erblickt, sich selbst bewusst wird und dann einen Entwicklungsweg geht, auf dem er selbst zum Schöpferwesen wird. Der Mensch hat ähnliche Bereiche in sich wie die Natur: leblose Mineralien, einen Lebensleib wie die Pflanzen, einen Empfindungsleib wie die Tiere. Aber im Menschen sind diese Glieder nicht abgeschlossen wie im restlichen Teil der Natur. Sie sind teilweise frei und offen, deshalb kann der Mensch lernen und sich entwickeln. Die Glieder seines Wesens entsprechen nicht nur Gegebenheiten wie in der Natur, sondern auch Fähigkeiten, die sich entfalten können, wie Denken, Wahrnehmen, Fühlen, Wollen. Die Entwicklung könnte letztlich soweit gehen, dass der Mensch alle seine Glieder – und damit auch die Natur – umwandelt, sie wieder zum geistigen Ursprung zurückführt. Das sagt das Bild der Auferstehung.

Wie ein Text aus der tödlichen Gefangenschaft der Geformtheit durch verständnisvolle Leser erlöst wird, so müsste der Mensch die Natur erlösen, vergeistigen. Die Erlösung einer Form ist ihre Zurückführung in ihren ursprünglichen Zustand, aus dem sie entstanden ist. Das Todesurteil einer Form liegt in unserem Urteil: So bist du und so bleibst du. Diese

Sünde begehen wir nicht nur der Natur, sondern auch einander gegenüber sehr häufig.

Der obige Text von Kühlewind lässt uns erahnen, wie tief unsere Verwandtschaft mit der Natur ist. Die Natur ist einst aus dem „kosmischen Menschen" ausgegliedert worden und der Mensch ahnt sehr wohl, dass er seine Beziehung zur Natur noch regeln müsste. Die Erlösung des Menschen und die der Natur gehören zusammen.[51] Paulus spricht von der „Sehnsucht nach Kindschaft".

Diese Sehnsucht äußert sich heute in einer verfrühten und deshalb krankhaften, ahrimanischen Form: in der Sehnsucht nach Macht über die Natur. Und diese äußert sich u.a. in der Technik. Anstatt mit rein geistiger Kraft mit der Natur – als Ergebnis geistiger Schöpfung – in Verbindung zu treten, statt sie zu „lesen", wie Kühlewind es ausdrückt, wollen wir sie beherrschen und ausnutzen. Wir machen uns zum selbsternannten König der Schöpfung und die Natur zum Sklaven. Wie König Philipp in Schillers *Don Carlos*, der sich nach einem Freund sehnt, dann aber, als er ihn in der Person von Posa findet, ihn sich sofort zum Untertanen zu machen versucht. Oder wie jemand, der in unerwiderter Liebe die „geliebte" Person vergewaltigt oder gar ermordet. Die ursprüngliche Sehnsucht ist in ihrer reinen Form gut, sie kann aber zur tödlichen Begierde werden, die alles vernichtet. So formuliert Ratikin, der Semi-

---

51 Römerbrief 8, 21–23: „Denn auch die Kreatur wird frei werden vom Dienst des vergänglichen Wesens zu der herrlichen Freiheit der Kinder Gottes. Denn wir wissen, dass alle Kreatur sehnt sich mit uns und ängstet sich noch immerdar. Nicht allein aber sie, sondern auch wir selbst, die wir haben des Geistes Erstlinge, sehnen uns auch bei uns selbst nach der Kindschaft und warten auf unsers Leibes Erlösung."

narist mit zweifelhaftem Charakter in Dostojewskis Roman *Die Brüder Karamasow*, als er Aljoscha Karamasow „aufklärt“:

„Da ist etwas, Bruder, was du noch nicht verstehst. Wenn sich ein Mensch in eine schöne Frau, in einen weiblichen Körper oder auch nur in einen Körperteil verliebt – nur ein sinnlich Veranlagter wird das begreifen –, so gibt er für diese Frau seine eigenen Kinder hin und verkauft für sie seinen Vater und seine Mutter und sein russisches Vaterland! … Wenn er einen noch so sanften Charakter besaß, er wird morden!“[52]

Diese Begierde vernichtet alles in uns und um uns. Nur „Umwelttechnologie“ wird die Natur – und uns nicht retten. Mülltrennung auch nicht. Nicht, weil solche Methoden schlecht wären, sondern, weil das nicht genügt. Wenn wir die hingebungsvolle Rolle der Natur in der Entwicklung der Menschheit und die Verantwortung des Menschen ihr gegenüber verstünden – das könnte uns vielleicht noch retten.

Die Lösung besteht natürlich nicht in spießbürgerlicher Leidenschaftslosigkeit, sondern in der wahren Leidenschaft, die nicht nur intensiv, sondern auch sprechend ist, im „Rausch des Geistes“, in der „sprechenden Verzückung“.[53] Thomas von Aquin hat das gekannt:

„Das äußerste Glück (*ultima felicitas*) des Menschen liegt in der Kontemplation der Wahrheit.“[54]

---

52 Dostojewski: Die Karamasow Brüder, 1. Teil, Zweites Buch, Kap. Ein Seminarist und Karrierist. Übersetzung: Hermann Röhl.

53 L. Böszörmenyi: *Sprechende Verzückung*. (https://www.itec.aau.at/~laszlo/Antro/Rausch.pdf). Auch in *Das Goetheanum* 46/2003

54 Thomas von Aquin: *Compenda Theologiae*, 3, 37. Zitiert bei Kühlewind: *Meditationen über Zen-Buddhismus, Thomas von Aquin und Anthroposophie*.

Damit meint Thomas sicherlich keinen eitlen Genuss des Intellekts, nicht einmal „sweet science", so wie Joseph Weizenbaum von der „süßen" Freude an der Wissenschaft gesprochen hat, sondern eine tiefe, stille, ernste und doch heitere Versenkung, die wir gewöhnlicherweise überhaupt nicht kennen, auf dem Übungsweg aber vielleicht erahnen können. Oder, mit Steiners Worten:

„Nicht die Erkenntnis als solche, sondern das Erleben dieser Erkenntnis bringt etwas Höheres in das Menschenwesen."[55]

Diese nüchternen Worte zeugen von einer äußersten Glückseligkeit in der Erfahrung des lebendigen Erkenntnisprozesses.

Die Natur erscheint uns stumm, sie antwortet uns nicht. Anstatt die Sprache der Schöpfung zu erlernen, versuchen wir, sie mit Gewalt zu deuten und zum Gehorsam zu zwingen. Es ist nicht falsch, was die Wissenschaft von der Natur versteht, sie verpasst nur das Wesentliche. Wie mit dem wunderbaren Gleichnis Kühlewinds ausgedrückt: Die Wissenschaft verhält sich wie jemand, der einen gedruckten Text nach der Verteilung von schwarzen und weißen Flächen untersucht. Das kann durchaus aufschlussreich sein, möglicherweise könnte man auf dieser Basis zum Beispiel Goethe-Gedichte von Rilke-Gedichten oder zumindest Gedichte von Bedienungsanleitungen mit hoher Genauigkeit unterscheiden (siehe auch Kapitel 3.5) – kein Mensch glaubt aber, dass dieses Unterscheidungsvermögen dem Lesen und Erleben eines Gedichts gleichkommt. Die Wissenschaft bemerkt den

55 R. Steiner: *Geistige Zusammenhänge in der Gestaltung des menschlichen Organismus.* GA 218.

Widerspruch nicht: Sie hält die Natur für ein Zufallsprodukt, also für zwecklos und sinnlos, und trotzdem sucht sie nach Gesetzen in ihr. Woher sollten aber diese Gesetzmäßigkeiten kommen? Übrigens: Die meisten Strukturen in der Natur haben *keine* Zufallsstruktur.[56] Wie kann das sein, wenn doch niemand dahinter ist?

Die Bewusstseinsgeschichte der Menschheit besteht bis zur Neuzeit aus einem geführten Abstieg aus dem Himmelsreich, bis zum Punkt der Mündigkeit, mit dem Ausdruck von Steiner: bis zur *Bewusstseinsseele.*[57] Die Wissenschaft hat darin eine wichtige Rolle gespielt, hat das selbstständige Denken in den Mittelpunkt gestellt. Diese Rolle kann aber schon als im Wesentlichen erfüllt betrachtet werden, auch wenn manche aktuellen Entwicklungen in der Politik und den Medien uns daran zweifeln lassen. Natürlich sind wir weit davon entfernt, dass sich die Klarheit des wissenschaftlichen Denkens allgemein verbreitet hätte, im Gegenteil, es werden gerade heute wieder völlig irrationale Tendenzen populär. Die Klarheit des wissenschaftlichen Denkens zu verlieren wäre fatal. Daran festzuhalten reicht aber auch nicht. Dieses Denken kann vieles begründen, nicht aber sich selbst – dazu wäre die Fähigkeit der Erfahrung des Denkprozesses nötig, wie schon weiter oben geschildert. Deshalb steht es auf unsicherem Boden und das ist auch der ultimative Grund, warum die Wissenschaft in ihrer heutigen Form – wie bereits von Husserl beklagt – keine Antwort auf die essenziellen Fragen des Lebens geben kann. Junge Leute im antiken Griechenland sind zum Philosophen gegangen, um ihn um Rat zu fragen,

---

56 Siehe z. B. A. L. Barabási: *Linked,* Penguin Group. 2003.

57 Siehe z. B. R. Steiner: *Die Geheimwissenschaft im Umriß.* GA 13.

wenn sie Orientierung für ihr Leben gesucht haben. Welcher junge Mensch würde heute einen Philosophen um Rat fragen?

Dieses Defizit wird auch innerhalb der Wissenschaft gespürt. Das sieht man daran, dass die Wissenschaft immer weniger nach Verständnis und immer mehr nach funktionierenden Techniken sucht und ihr Bestehen damit rechtfertigt. Wie Joseph Weizenbaum das ausgedrückt hat: Sie bewegt sich zunehmend vom *„theory mode“* zum *„performance mode“*.[58] Es wäre heute äußerst schwierig für eine Universität, einen neuen Lehrstuhl zu bekommen, der „nur“ so viel versprechen würde, die Welt auf eine neue Art verstehen zu wollen. Theoretische Grundlagen für ein wirksameres Medikament, für eine schnellere Datenübertragung, für eine effizientere Wirtschaftsordnung – das sind gute Gründe. Dass eine „neue Art des Verstehens“ unser ganzes Leben so verändern könnte, dass wir manche Medikamente und technische Hilfsmittel gar nicht mehr nötig hätten, klingt viel zu utopisch, um dafür konkrete Schritte zu setzen. Deshalb laufen diese Anstrengungen abseits der „offiziellen“ wissenschaftlichen Szene. Vielleicht ist das auch besser so. Die wahren Erneuerungen kamen ja fast nie aus den Reihen der akademischen Wissenschaft und Kunst, sondern von außerhalb. In ehrlicheren Zeiten wurden die Ketzer auf einen Scheiterhaufen geschickt, in den heutigen, etwas milderen Zeiten werden sie nur dezent ausgelacht. Pragmatisch gesehen immerhin ein Fortschritt.

---

58 Joseph Weizenbaum: *Computer Power and Human Reason.* (Auf Deutsch: *Die Macht der Computer und die Ohnmacht der Vernunft*).

„Der Geist schreit nicht" sagte Steiner.[59] Menschen, die Erfahrungen der geistigen Welt erleben, schreien ebenfalls nicht. Sie werden im Getöse der journalistisch aufgeheizten Expertenäußerungen auch kaum gehört. Sogar innerhalb von Bewegungen, die sich für spirituell halten, werden die leisen Stimmen der Geist-inspirierten Menschen kaum gehört. Und das noch leisere „Flüstern des Heiligen Geistes"[60] schon gar nicht. Das kann vermutlich nicht anders sein. Gefängnisse sind mit lauten und schweren Eisentüren verschlossen. Die Freiheit ist still und unsichtbar.

Die Wissenschaft steht zunehmend im Dienst der Technik, der Verwirklichung der verfrühten Neuschöpfung der Welt. Die neueste und sich überraschend schnell verbreitende Wissenschaft ist die Informatik, eingeleitet durch die Erfindung des Computers, der reinen mathematischen Maschine, die uns von unserer eigenen Verunsicherung befreien soll. Oder macht sie uns zum Sklaven der eigenen Feigheit und Faulheit?

---

59 R. Steiner: *Bausteine zu einer Erkenntnis des Mysteriums von Golgatha*. GA 175, S. 36: „Der Geist, der im Innern erlebt werden soll, der schreit nicht, der lässt auf sich warten, und man kommt ihm nahe, wenn man versucht, sich vorzubereiten auf dieses Nahekommen.

60 G. Kühlewind: *Licht und Leere*, Verlag Freies Geistesleben, 2011.

3. Die automatisierte Intelligenz – die Entstehung der Informatik

3.1 Die Erfindung des Computers

Die alten Griechen waren sehr gute Mathematiker, kamen aber nie auf die Idee, eine Maschine zu bauen, die ihnen Denkaufgaben abnimmt. Das liegt nicht daran, dass sie dazu nicht klug genug gewesen wären, nicht einmal daran, dass ihnen die Technik fehlte, sondern daran, dass sie ein ganz anderes Verhältnis zum Denken und auch zur Mathematik hatten.[61] Mathematik war für sie ein Ausdruck göttlicher Weisheit, die wunderbaren Zusammenhänge der Zahlen und der geometrischen Objekte dienten ihnen dazu, die göttliche Schöpfung zu bewundern. Die praktische Anwendung der Mathematik war verachtet und sogar verboten.

In der Mitte des zwanzigsten Jahrhunderts hingegen lag die Idee des Computers irgendwie in der Luft. Das sieht man daran, dass es bis heute keine Einigung darüber gibt, wer der Erfinder des Computers war. Die erste *unmittelbare* theoretische Grundlage wurde durch den englischen Mathematiker Alan Turing gelegt.[62] Die von ihm definierte „Turing-Ma-

---

61 E. Colerus: *Von Pythagoras bis Hilbert*. Rowohlt 1969.

62 A. Turing: *On computable numbers, with an application to the Entscheidungsproblem*, 1936. Die Liste der nicht *unmittelbaren* Vorarbeiten ist so lang, dass wir hier auf sie nicht eingehen wollen.

schine" ist eine mathematische Abstraktion[63], kein Plan für eine reale Maschine. Diese „Maschine" kann alles berechnen, was berechenbar ist und nichts ist berechenbar, was eine Turing-Maschine nicht berechnen kann. Turing hat während des zweiten Weltkriegs auch eine reale Rechenmaschine gebaut, zur Entschlüsselung deutscher Kriegsnachrichten. Damit haben er und seine Gruppe in Bletchley Park einen wichtigen Beitrag zum Sieg über Nazideutschland geliefert. Trotzdem ist es bezeichnend, dass die erste Rechenmaschine für den Krieg gebaut wurde. Der deutsche Ingenieur Konrad Zuse hatte während der Kriegsjahre auch sehr fortgeschrittene Ideen zu einer Rechenmaschine entwickelt und diese z.T. auch umgesetzt. Zum Glück wurde die Bedeutung seiner Ideen durch die militärische Führung Nazideutschlands nicht erkannt.

Trotz dieser Vorarbeiten wird als Erfinder des Computers, wie wir ihn heute kennen, der ungarisch-amerikanische Mathematiker John von Neumann betrachtet. Er hat eine „Architektur" definiert, die aus einem Rechenwerk, einem Speicher und sogenannten Ein-Ausgabe-Kanälen besteht. Im Rechenwerk werden vordefinierte Operationen gespeichert: die Grundoperationen der Arithmetik (Addieren, Subtrahieren und so weiter), der mathematischen Logik (Negation, Konjunktion, Disjunktion und so weiter), Relationen (gleich, kleiner, größer und so weiter) sowie „bedingte" Sprünge, die je nach dem Ergebnis einer vorhergehenden Operation auf eine bestimmte Stelle des Programmes springen können (vorwärts oder rückwärts). Damit können Ausführungsschleifen entstehen, die die gleichen Reihen der Operationen beliebig oft auf

63 Siehe eine einfache Erklärung der Turing Maschine in J. Weizenbaum: *Computer power and human reason.*

beliebig viele unterschiedliche Daten anwenden können. Eine Folge der Operationen (ein „Programm") wird im gleichen Speicher abgelegt wie die Daten. Während der Ausführung des Programmes können die Daten geändert werden, und die Programme können selbst Daten von anderen Programmen oder gar von sich selbst werden. Damit entsteht eine ungeahnte Flexibilität und Mächtigkeit. In der Formulierung von Konrad Zuse in einem Vortrag an der ETH Zürich:[64]

„Die Idee von Programmen, die auf sich selbst einwirken können, war mir anfangs offen gestanden ziemlich unheimlich. Denn bis dahin konnte man die von mir entwickelten Geräte Z1-Z4 ziemlich gut überblicken … In dem Augenblick, in dem ich Einfluss der errechneten Daten auf das Programm selbst zulasse – dazu gehört nur ein kleiner Draht, der vom Rechenwerk rückwirkend auf das Programmwerk wirkt – ist diese Kontrolle nicht mehr gegeben. Vor diesem kleinen Draht hatte ich viel Respekt, weil ich ahnte, dass, sobald dieser Draht gelegt ist, Mephisto hinter mir steht … Damit kann man nämlich die tollsten Sachen machen."[65]

---

64 Konrad Zuse: Computerarchitektur aus damaliger und heutiger Sicht. Berichte des Departements der Informatik, ETZ Zürich, 1982.

65 Hier muss man anmerken, dass Zuse unter dem „Einfluss der errechneten Daten auf das Programm selbst" nicht genau das meint, was wir heute darunter verstehen würden. Heute wird der Code von Programmen zur Laufzeit nicht geändert, sehr wohl aber *Adressen* (oder *Indizes*) von Daten. Da damals die (absoluten) Adressen direkt im Programmcode abgespeichert waren, konnte man von „Änderung des Programmes" sprechen. Und auch heute laden wir zur Laufzeit neue Programme in den Speicher und weisen wir Codestücke zu „Methoden" zu. Dieser semantische Unterschied ist wichtig für die Programmierung, nicht aber für das Prinzip.

Die ersten kommerziell verbreiteten Computer wurden in den 1950er und 1960er Jahren in den USA für die immer komplizierter gewordene Verwaltung eingesetzt – auch für eine Art Krieg, könnte man etwas ironisch behaupten. Die darauffolgende Geschwindigkeit und Breite der Verbreitung und die rasante Verbesserung der Technologie hat niemand vorausgesehen. Die ersten Computer waren mechanisch so groß, dass sie eine ganze Halle gefüllt haben, ihre Leistung war aber um Größenordnungen kleiner als die eines heutigen billigen Smartphones (bis auf den Hintergrundspeicher, der in Form von Magnetbändern unlimitiert war); dafür waren sie ziemlich fehleranfällig und haben so viel Wärme produziert, dass man mit ihnen notfalls auch heizen konnte. Experten hatten den künftigen Rechenbedarf der USA in den fünfziger Jahren auf fünf bis sechs Rechner geschätzt – diese Vorhersage hat sich, gelinde gesagt, nicht bestätigt.

Wieso die Computer schließlich mit solch beispielloser Geschwindigkeit alles überflutet haben, ist eine sehr interessante Frage. Heute stehen überall Bildschirme herum, die Anzahl der „computerisierten" Arbeitsplätze und Haushalte ist gewaltig gestiegen. Die größte Anzahl an Computern ist allerdings unsichtbar verbaut[66] – in Waschmaschinen, Fernsehgeräten, Uhren, Autos, Telefonen, einfach überall. Das alles hat sich in wenigen Jahrzehnten entwickelt. Ist diese rasante Entwicklung rational erklärbar? Ich zweifle nicht daran, dass solche rationalen Erklärungen gefunden werden können – bin mir aber nicht sicher, ob sie überzeugend sind. Man kann das

---

66 Diese nennt man „embedded systems" (eingebettete Systeme), meistens weniger leistungsstarke und auch weniger universelle Computer – aber Computer sind sie trotzdem.

Gefühl kaum loswerden, dass an dieser raschen und aggressiven Verbreitung auch eine unerklärbare, dunkle Kraft beteiligt ist (vielleicht Mephisto, um Zuse zu zitieren). Dazu nur ein Beispiel: Die jeweils neuesten Chips für Zentraleinheiten bringen zwar immer eine deutliche Leistungssteigerung, diese steht aber meistens nicht im Verhältnis zu ihrem anfänglichen Preis. Für durchschnittliche Benutzer sind sie oft gar nicht bemerkbar. Rein rational zahlt es sich also meistens nicht aus, Rechner mit dem neuesten Chip zu kaufen – die der Generation davor (für den halben Preis) würden genauso genügen. Die Leute kaufen trotzdem die neuesten. Solche Beispiele gibt es massenhaft; wie junge Leute in der Nacht Schlange stehen, um als erste die neuesten Smartphone-Modelle zu ergattern, ist bekannt. Wie im Rausch werden immer die noch neueren, noch schnelleren, vermeintlich besseren Computer gekauft.

Woher kommt dieser Rausch, diese Verdunkelung der Seele? Rudolf Steiner beschreibt, dass vor dem Ausbruch des ersten Weltkrieges die führenden Persönlichkeiten der Großmächte wie schlafwandlerisch gehandelt haben. Eine ähnliche Verdunkelung der Seele ist auch hinter der Gier nach manchen modernen Entwicklungen kaum zu übersehen – außer man *will* sie übersehen. Es geht mir weder darum, die Technik noch darum, die Techniker zu verteufeln. Es geht mir darum, dass wir diese Tendenzen zu „Zwangshandlungen" erkennen und uns fragen, wie wir damit umgehen wollen. Auf andere zu zeigen ist immer einfach und billig. Die Welt können wir meistens sowieso nicht ändern. Uns selbst aber schon.

Joe Weizenbaum hat sich oft darüber geärgert und gleichzeitig amüsiert, wenn man ihn „Computerkritiker" nannte. Er hat das dann immer richtiggestellt: „Ich kritisiere doch keine Computer! Ich kritisiere Menschen." Ich würde noch einen

Schritt weitergehen: Ich kritisiere an erster Stelle mich selbst. Erst das gibt mir das Recht, auch die Vorgehensweise anderer zu hinterfragen.

3.2 Die besonderen Eigenschaften des Computers

Worin unterscheidet sich der Computer von allen anderen Maschinen und Geräten, die der Mensch entwickelt hat? Der wichtigste Unterschied ist, dass er keine bestimmte Funktion hat. Turings Entschlüsselungsmaschine war in diesem Sinne noch kein Computer. Die programmierbaren Computer mit der von-Neumann-Architektur lassen eine beispiellose Diversität zu. Die Anwendungsbereiche eines Hammers, eines Kühlschranks, einer Uhr sind im Wesentlichen auf eine Funktion eingeschränkt („Smartwatches" sind flexibler – die sind ja auch kleine Computer). Computer werden für die unterschiedlichsten Aufgaben eingesetzt; sie steuern Flugzeuge und Schiffe, können zur Verwaltung von Bürodingen wie etwa Dokumente und Kalender verwendet werden oder zur Analyse von Videoaufnahmen von chirurgischen Eingriffen – um nur einige zu nennen. Mit dieser Flexibilität bieten sie auch einen nie da gewesenen Schauplatz für menschliche Kreativität. Gute Programmierer können in gewisser Hinsicht ein kleines Universum erschaffen – was vorher das Privileg einiger genialer Künstler und Schriftsteller war.

Die Computer werden heute nicht mehr mit der direkten Anwendung der Grundoperationen der von-Neumann-Architektur programmiert. Es wurde seit den fünfziger Jahren eine große Anzahl von sogenannten „höheren Programmiersprachen"[67] definiert. Die Programme werden in diesen formuliert und durch sogenannte Übersetzungsprogramme („Compiler") in die Sprache der Maschine automatisch „übersetzt". Der Name „Programmiersprache" ist genauso bezeichnend wie irreführend. Sie sind nichts anderes als formale mathematische Notationen, die aber zweifelsohne in ihren Strukturen Ähnlichkeiten zu den menschlichen Sprachen[68] haben. Sie haben eine wohldefinierte Syntax und Semantik. Die Syntax wird sogar meistens – mithilfe einer weiteren, viel einfacheren Metasprache[69] – formal definiert. Die Regeln der Semantik sind dafür schon viel zu komplex, sie werden in einer menschlichen Sprache (meistens englisch), aber möglichst eindeutig definiert. Viele Regeln der Programmiersprachen wurden tatsächlich aus der Sprachwissenschaft übernommen, an erster Stelle durch die Arbeiten von Noam Chomsky. Trotzdem sind die Unterschiede zwischen Computer- und menschlicher Sprache ganz maßgeblich. Ein solcher Unterschied besteht darin, dass – während Entwickler von Programmiersprachen Eindeutigkeit anstreben (und wir betrachten es als Fehler, wenn das nicht gelingt, was allerdings oft der Fall ist) –, keine einzige menschliche Sprache eindeutig ist. In einer ein-

67 Wie z.B. die Programmiersprachen Fortran, Cobol, Algol-60, Simula-67, Pascal, Modula, C, C++, Java, C#.

68 In der Fachliteratur werden menschliche Sprachen oft „natürliche Sprachen" genannt. Wir haben aber gesehen, dass die menschlichen Sprachen alles, nur nicht natürlich sind – vielmehr göttlich. Solche Feststellungen sind aber in der Wissenschaft nicht erwünscht. Eigentlich unverständlich, weil eine „natürliche" Entstehungsgeschichte der Sprachen zumindest genauso abenteuerlich ist wie die eines göttlichen Ursprungs.

69 Wie z.B. die Extended Backus-Naur Form (EBNF).

deutigen Sprache wäre weder Dichtung noch Humor möglich. In einer Programmiersprache kann und soll man auch keine Witze erzählen – der Computer braucht eindeutige Befehle. Wir Menschen ziehen diese manchmal auch vor – und das deutet auf eine seelische Mechanisierung in uns hin. Ein anderer Unterschied liegt darin, dass sich Programmiersprachen nur kontrolliert ändern. Es gibt zwar oft eine Version 2 und 3 und so weiter, diese entstehen aber nicht durch kreative oder aber verarmte Verwendung der Sprache, sondern durch explizite Neudefinition.

Ein zweites Merkmal von Computern ist, dass sie nach rein mathematischen Prinzipien funktionieren. Natürlich müssen sie physisch gebaut werden, und dazu braucht man sehr weitgehende Kenntnisse der Physik und der Elektronik (und noch einiges mehr). Ist aber einmal der Computer gebaut, ist es nicht mehr relevant, aus welchem Stoff er gebaut ist – er muss nur programmierbar sein. Eine Kaffeetasse kann aus verschiedenen Materialien wie Glas oder Porzellan oder gar Pappe gemacht werden, trotzdem treten diese physikalischen Eigenschaften nicht völlig in den Hintergrund. Ein jeder, der sich schon einmal mit einer grifflosen Papiertasse die Finger verbrannt hat, weiß das. Der Programmierer muss sich aber um die physikalischen Eigenschaften seines Computers nicht kümmern.[70] Damit ist der Computer – vom Standpunkt des Anwendungsprogrammierers – eine rein „mathematische" Maschine. Fast würde man sagen, eine „geistige" Maschine –

70 Das gilt mit Einschränkungen; insbesondere sogenannte „Systemprogrammierer", etwa Entwickler eines Betriebssystems oder auch Programmierer von sogenannten „eingebetteten Systemen" müssen sich sehr wohl um manche Eigenschaften des Computers kümmern. Auf dieses Thema gehen wir aber hier nicht ein.

ein Widerspruch in sich. Der Geist ist frei, eine Maschine ist bestimmt, geformt – auch die flexibelste aller Maschinen, der Computer.

Der Computer trägt diesen Widerspruch in sich. In diesem Sinne ist er in der Tat ein Abbild des Menschen. Im Menschen wohnt ein unendlicher, freier Geist in einem endlichen, geformten Leib. Diese Ähnlichkeit ist keineswegs zufällig; John von Neumann oder Alan Turing hatten so etwas durchaus im Sinn. Wirklich spannend ist aber der Punkt, wo die Ähnlichkeit aufhört. Der Mensch kann in seinem Geist immer etwas Neues anfangen, auch wenn sein Körper alt oder krank ist. Einem Computer fällt aber nichts ein, er muss von Menschen programmiert werden. Man kann zwar durchaus Programme erstellen, die selber weitere Programme erzeugen. Aber dann müssen diese Programmgeneratoren von Menschen erstellt werden. Wir könnten dann noch Generatoren von Generatoren und so weiter erstellen, aber am Anfang der Kette steht immer ein menschlicher Programmierer. Und am Ende, bei der Interpretation der Ergebnisse steht auch immer der Mensch. Manchmal verborgen. „Cherchez la femme" (suchet die Frau) – hieß es früher in Kriminalgeschichten. Suchet den Programmierer (oder gerne auch die Programmiererin) – könnten wir heute sagen. Die Gödelschen Grenzen der Mathematik gelten auch in der Informatik, sie sind dort sogar enger, weil die Darstellung mathematischer Objekte im Computer notwendigerweise immer endlich ist.

Um den prinzipiellen Unterschied zwischen dem unendlichen Geist des Menschen und der Beschränktheit des Computers zu beleuchten, erzähle ich eine kleine Geschichte. Ich habe Ende der 1980er-Jahre in Budapest einen exzellenten und sehr gut besuchten Vortrag von zwei jungen Mathematikern mit dem Titel „Die Semantik der Witze“ gehört. Die Vortragenden haben erklärt, dass ein Witz immer dort entsteht, wo sich zwei (oder mehrere) semantische Domänen überschneiden. Etwas einfacher formuliert: Witze sind immer mehrdeutig. Ihr Vortrag hat sich also einerseits damit beschäftigt, wie man semantische Domänen automatisch erkennen kann, andererseits haben sie mit Hilfe entsprechender Fachliteratur – die gibt es in der Tat – verschiedene Kategorien von Witzen aufgestellt. Ihr Vorschlag war, eine Software zu erstellen, die die Überschneidung von semantischen Domänen erkennt; wenn die Überschneidung auch noch eine strukturelle Ähnlichkeit mit einer Witzkategorie hätte, dann könnte die Software einen Witz automatisch erkennen (und etwa „ha-ha“ sagen). Am Ende des Vortrags hat ein Zuhörer folgenden großartigen Kommentar gemacht: „Wenn ich Euch richtig verstehe: Je öfter eure Software einem Witz oder einer Witzkategorie begegnet, umso sicherer erkennt sie diese als solche, lacht also umso besser. Bei mir ist es allerdings gerade umgekehrt.“ Dieser Kommentar wurde vom Publikum mit großem Gelächter honoriert. Er hat den Unterschied zwischen Mensch und Maschine sehr gut auf den Punkt gebracht. Die Maschine ist unschlagbar in allen Aktivitäten, die schon bekannt sind und sich wiederholen. Der Mensch ist aber gerade dann in seiner besten Form, wenn er über einen nie gehörten Witz lacht – oder noch besser einen solchen erfindet.

3.3 Wie „denkt“ die Maschine?

Wir erinnern uns alle (mehr oder weniger) an die Regeln der Multiplikation. Nehmen wir an, wir möchten 825 mal 763 berechnen. Zum Kopfrechnen wäre das für die meisten von uns eine viel zu große Herausforderung. Wir kennen aber die Regeln aus der Schule: Multipliziere zuerst 825 mit der ersten Ziffer der zweiten Zahl (also 7), dann mit der zweiten, schreibe aber dieses Produkt um eine Dezimalstelle nach rechts verschoben darunter, dann mit der dritten Ziffer, wieder um eine Dezimalstelle verschoben darunter und so weiter. Addiere am Ende die Teilergebnisse und du hast das Gesamtergebnis: 629.475 (bitte nachprüfen! Händisch!). Die Verschiebung jeweils um eine Dezimalstelle entspricht der Tatsache, dass die Ziffern in der Zahl von links nach rechts jeweils um einen Faktor 10 weniger wert sind (etwas mathematischer ausgedrückt: $763 = 7 \times 10^2 + 6 \times 10^1 + 3 \times 10^0$).

Multiplikation und Division galten im Mittelalter als so schwierig, dass es angeblich Zeiten gab, wo an italienischen Universitäten diese hohe Kunst schon unterrichtet wurde, an deutschen Universitäten aber noch nicht. Diese Regeln können wir uns merken, und dann können wir sie durchführen, ohne über ihren Sinn aktuell nachzudenken, eigentlich auch ohne diese Regeln je verstanden zu haben. Wir könnten es noch einfacher machen: Wir könnten 825 einfach 763-mal untereinanderschreiben und die Zahlenkolonne addieren. Dagegen spricht nur, dass wir bei der Addition von so vielen Zahlen fast sicher einen Fehler machen. Wenn das aber eine Maschine machen würde? Dann wäre diese Einfachheit geradezu bestechend: Ich habe eine komplexe Operation (die Multiplikation) auf eine einfachere (die Addition) zurückgeführt und lasse diese so oft wie nötig durch eine Maschine durchführen. Ich könnte der Maschine in einer beliebigen Programmiersprache folgende einfache Befehle erteilen: Nimm zwei Variablen x und y, initialisiere sie auf die gewünschten Werte (825 und 763), nimm eine dritte Variable z und initialisiere sie auf 0, und addiere nun x y-mal zu z. Das wäre ein erster Schritt in Richtung „automatisierten Denkens." Wichtig ist dabei, dass ich eindeutige Schritte definieren muss, die nacheinander und größtenteils wiederholt ausgeführt werden. Diesen Ansatz nennt man: einen „Algorithmus" erstellen[71], nach dem Namen des persischen Mathematikers Al Khwarizmi aus dem 8. Jahrhundert. Er lehrte übrigens direkt vor der Zeit, in der laut Rudolf Steiner die Fähigkeit, die Gedanken als die eigenen zu erleben, für die Menschen allgemein wurde (nämlich ab dem 9. Jahrhundert).

Es gibt noch eine andere Art von „Multiplikation": so, wie das Einmaleins in der Grundschule „eingepaukt" wird. Wenn ich auf die Frage 6x7 ohne Zögern das Ergebnis (42, nicht wahr?) antworte, dann habe ich nicht gerechnet, sondern das Ergebnis aus dem Gedächtnis geholt. In einem Computer können wir dies leicht nachahmen: Wir könnten das ganze Einmaleins in einer Tabelle speichern.[72] Damit wollen wir aber nicht sagen, dass der Speicher des Computers ein adäquates Bild des menschlichen Gedächtnisses wäre. Darauf gehen wir hier nicht näher ein[73], nur so viel dazu: Das sieht man auch

71 Siehe dazu mehr in *Programmieren mit Modula-3* vom Autor, Springer Verlag, 1995

72 Das tut man übrigens aus Effizienzgründen nicht; den Computer kostet es weniger, 6x7 immer wieder neu zu berechnen als das Ergebnis in einer Tabelle zu speichern.

73 Siehe dazu: L. Böszörmenyi: *Können sich Computer erinnern?* (https://www.itec.aau.at/~laszlo/Antro/Computer_Erinnerung.pdf)

daran, dass wir das Einmaleins oft eher aus dem „musikalischen" Gedächtnis holen – wir erinnern uns mehr an die Melodie als an den Text[74]. Außerdem: Eingepaukte Zahlen zu merken ist eine sehr spezielle Arbeitsweise des menschlichen Gedächtnisses. Und zuletzt: Wie anders das menschliche Gedächtnis als ein Computerspeicher funktioniert, hat Joseph Weizenbaum in seinen Vorträgen immer wieder gerne folgendermaßen präsentiert: „Kennen Sie den Herrn Jutschatewitsch"? „Nein", war die sofortige Antwort mehrerer Zuhörer. „Wundert mich nicht, ich habe den Namen gerade erfunden. Die Frage ist aber: Woher haben Sie das so schnell gewusst? Sie haben garantiert nicht alle Namen durchsucht, die Sie je gehört haben, wie ein Computer seinen Speicher durchsucht hätte. Der Mensch macht das eben offensichtlich anders. Wie? Tja, wenn ich das wüsste!"

Wir können aus dieser Reihe eine Übung machen: Zuerst eine Multiplikation (sagen wir von zwei zweistelligen Zahlen) im Kopf, dann auf Papier, dann eine Reihe von Additionen und letztlich das Einmaleins aus dem Gedächtnis. Wir können dabei eine unterschiedliche Wachheit der Bewusstheit beobachten. Die meiste Aufmerksamkeit verlangt die erste Aufgabe, die wenigste die letzte – falls wir uns erinnern. Die vorletzte ist wiederum so mechanisch, so langweilig, dass wir dabei fast sicher abgelenkt werden und deshalb Fehler machen. Genau diese „Entgeisterung" macht das Automatisieren von Gedankengängen möglich: Wenn ich das Gefühl habe,

74 Ein junger griechischer Mathematiker, der an der ETH Zürich studiert und später dort gearbeitet hat, hat erzählt, dass er höhere Mathematik nur auf Deutsch kann, wenn er aber beim Einkaufen die Höhe seiner Rechnung ausrechnen will, kann er das nur auf Griechisch.

dazu sei ich gar nicht mehr nötig, dann, ja dann könnte das auch eine Maschine[75].

Um einen korrekten Algorithmus zu erstellen, muss ich ihn natürlich vollständig verstehen. Um den Algorithmus durchzuführen, ist das nicht mehr nötig. Wenn es gelingt, einen Gedankengang in eine algorithmische Form zu bringen, dann kann ich diese automatisieren. Das Verständnis, das den Algorithmus hervorgebracht hat, natürlich nicht. Wäre es denkbar, Algorithmen zu entwickeln, die weitere Algorithmen erzeugen? Ja, das ist möglich, aber dann muss ein Mensch diesen Erzeuger-Algorithmus hervorbringen. Und würde ich eine ganze Kette von solchen Algorithmen erstellen: Am Anfang und am Ende steht immer ein Mensch – wie wir es schon gesehen haben.

Es kommt hier ein zweiter, noch wichtigerer Effekt dazu. Bei einer selbst durchgeführten Rechnung könnte das Gefühl bleiben: Habe ich mich nicht vielleicht verrechnet? Man könnte einen anderen Menschen bitten, die Rechnung zu wiederholen: Kommt er zum gleichen Ergebnis, so können wir hoffen, dass die Berechnung stimmt. Wie viel besser wäre es aber, wenn man diese Kontrolle – oder überhaupt die ganze Aufgabe – einer Maschine übertragen könnte. Ich könnte noch immer unsicher sein, ob mein Algorithmus korrekt ist und ob ich ihn korrekt in ein Programm übertragen habe. Wenn es gelingt, mich davon zu überzeugen – vielleicht mit einer mathematischen Beweistechnik und auch wieder mit

75 Es gibt übrigens „Künstler" des Kopfrechnens. Auch manche Autisten haben eine ganz andere, eher künstlerische Art des Rechnens, womit sie mit verblüffender Geschwindigkeit schwierige Rechenaufgaben korrekt lösen. Auf dieses Thema – so interessant es auch sei – gehen wir hier nicht ein.

Hilfe einer Kontrollperson – dann könnte ich sicher sein: In den Ablauf der Berechnung wird sich kein Fehler mehr einschleichen, egal wie oft wir sie durchführen lassen. Ja, die Maschine könnte auch einen Fehler machen, aber solche Fehler sind in einem Digitalrechner in der Tat sehr unwahrscheinlich. Wenn er einen Fehler hat, stürzt üblicherweise die ganze Berechnung ab; ein kleiner, temporärer Fehler wie bei einer menschlichen Unaufmerksamkeit ist extrem unwahrscheinlich.

Der Umstand, dass der Computer den Algorithmus tatsächlich durchführt, ist ein neues Kapitel in der Geschichte der Mathematik. Schon Gauß hat als Professor Gruppen von Studenten Algorithmen für die Lösung von Gleichungssystemen durchführen lassen.[76] Mit der maschinellen Durchführung tritt aber eine ganz neue Dimension ein. Diesen Unterschied haben auch viele Mathematiker zu den Pionierzeiten der Informatik eine Weile nicht verstanden. Um das zu beleuchten, benutze ich eine lustige Geschichte. Der große holländische Informatiker E.W. Dijkstra, der theoretische Physik studierte, sich aber schon zur Studienzeit mit den damals ganz neuen Computern beschäftigte, hat in jungen Jahren die höchste Auszeichnung der Informatik (den „Turing Award", den „Nobelpreis der Informatik") erhalten, vor allem für einen Algorithmus, der in einem Graphen den sogenannten *kürzesten Pfad* berechnet. Ein Graph besteht aus *Knoten* und *Kanten*, die die Knoten verbinden. Die Kanten haben einen assoziier-

---

76 Jeder Student musste einen Schritt der Rechnung durchführen. Das Ergebnis kam in eine Schachtel, für den Studenten mit dem nächsten Schritt. So hat Gauß quasi aus Menschen einen „Computer" gebaut. Übrigens, das englische Wort „Computer" bedeutet ja ursprünglich tatsächlich ein Mensch, der rechnet.

ten Wert, ein *Gewicht.*[77] Ist das Gewicht hoch, ist der Weg über die Kante „teuer“ oder „lang“. Gesucht wird zwischen zwei beliebigen Knoten diejenige Reihe von Kanten, die die Knoten so verbindet, dass die Summe der Kantengewichte die kleinste ist: Das ist der kürzeste Pfad. Wenn es mehrere solche gibt, dann nimmt man einen beliebigen von denen. Als Dijkstras Chef an seinem Mathematik Departement in Amsterdam das erfahren hat, hat er ihm gratuliert, aber etwas befremdet folgende Fragen gestellt: „Ist der Graph endlich?“ „Ja.“ „Sind die Gewichte aller Kanten bekannt?“ „Ja.“ „Aber dann ist das Problem doch trivial! Sag mal, in der Informatik gibt es wohl viele solche Preise, nicht wahr?“ Für Dijkstra war das eine entschei-

---

77 Wenn wir einen Graphen zeichnen, dann ist ein Knoten einfach ein Punkt, und eine Kante ist eine Linie, die zwei Knoten verbindet. Ein Graph könnte z.B. das Straßennetz einer Stadt abbilden. Die Kanten würden für die Straßen, die Knoten für die Kreuzungen oder fürs Ende einer Sackgasse stehen. Direkte Nachbarknoten werden durch eine einzige Kante verbunden, ansonsten kann ein Knoten von einem anderen Knoten durch eine Reihe von Kanten – einen *Pfad* – erreicht werden. Zwischen zwei Knoten kann es mehrere Pfade geben, deshalb ist es eine interessante Frage, welche ausgewählt werden sollte. Das Gewicht einer Kante könnte die Länge der Straße bedeuten, könnte aber auch weitere Eigenschaften in sich integrieren, wie Steigung, Baustelle, Mautstelle usw.
Die Idee der Graphen stammt von dem großen Mathematiker Leonhard Euler (1707–1783). Er hat damit das „Rätsel“ der Brücken von Königsberg gelöst, nämlich die Frage beantwortet, ob man auf einem zusammenhängenden Weg über alle sieben Brücken gehen kann, indem man jede Brücke nur einmal überquert (die Antwort ist: nein). Er hat die Brücken als Kanten, die Gebiete, die durch die Brücken verbunden werden, als Punkte dargestellt. Mit dieser mächtigen Abstraktion und noch einigen einfachen Überlegungen hat er das Problem elegant gelöst. Damit wurde er zwar „Spielverderber“ für Königsberg, aber auch der Erfinder der Graphentheorie (allen kann man es ja nie recht machen).

dende Motivation, in die USA auszuwandern. Woran lag das Missverständnis in diesem Gespräch? Der Chef – als Mathematiker – dachte, das Problem bestünde darin, einen Beweis zu erbringen, dass ein kürzester Pfad existiert – was tatsächlich trivial ist. Dass es in der Informatik aber nicht nur darum geht, einen solchen Existenzbeweis zu erbringen, sondern vielmehr darum, einen Algorithmus – sogar in einer für eine Maschine durchführbaren Form – zu finden, der diesen kürzesten Pfad auch tatsächlich findet – das hatte er nicht verstanden.[78]

Wir haben den Weg gesehen, wie der Mensch manche Denktätigkeiten von sich absondert, indem er diese in eine automatisierbare Form gießt, sodass sie ohne aktuelles Denken wiederholbar sind. Die „offizielle" Motivation dahinter ist vielfältig: Wir können damit halb verstandene Probleme lösen (siehe Kapitel 3.4), wir können bei wiederholten Berechnungen Fehler vermeiden und so weiter. Ich vermute aber, dass sich hinter den Kulissen noch eine ganz andere Art Motivation versteckt. Solange die Gedanken mächtig, wie von außen, von göttlichen Wesen (wie Michael), eingegeben erschienen, hatte der Mensch volles Vertrauen zu ihnen. Sobald wir die Gedanken als Ergebnisse unserer eigenen – aber eben *vergangenen* – Tätigkeit wahrnehmen, ist ein Zweifel an jedem Gedanken

---

78 Die Anekdote wird noch lustiger durch den Umstand, dass der junge Dijkstra (in einem Café, auf einer Serviette) den Algorithmus – der bis heute in fast jeder Netzwerkkomponente benutzt wird – eigentlich gar nicht entworfen hat, um dieses Problem zu lösen, sondern um einem neu entwickelten Computer eine Rechenaufgabe zu geben, die ausreichend rechenintensiv ist. Er hätte auch eine einfache, sinnlose Schleife benutzen können, er wollte aber, wenn schon, dann gleich eine anspruchsvolle und sinnvolle Rechenaufgabe geben.

möglich. Auch wenn wir theoretisch einsehen, dass das Zweifeln selbst aus dem Denken kommt, bleibt trotzdem das Gefühl der Unsicherheit. Die verlorene Sicherheit im eigenen Denken sollte zurückgewonnen werden. Der richtige Weg dazu wäre – wie wir schon gesehen haben – den gegenwärtigen Prozess des Denkens in der Meditation zu erfahren: In dieser Erfahrung ist kein Platz für Zweifel und Unsicherheit. Das ist aber ein schwieriger Weg, den die meisten scheuen – aus einer Art „kosmischer Faulheit", wie Kühlewind das manchmal genannt hat. Man ist bereit für alles, nur für die täglichen Übungen eines Schulungswegs nicht. Stattdessen geht die Entwicklung in eine entgegengesetzte Richtung: so viel wie möglich vom Denken auszusondern und maschinell abzusichern. Das ist klarerweise ein Widerspruch: Dem Denken, das die Algorithmen erfindet, müssen wir weiterhin vertrauen; das „natürliche Vertrauen der Seele zu dem Denken" (Steiner) ist noch immer da – solange der Mensch überhaupt noch denken kann. Die Gefahr besteht aber gerade darin, dass wir die Fähigkeit des Denkens verlieren. Je mehr wir vom Denken „outsourcen", umso größer wird die Gefahr. Die kosmische Faulheit hindert uns daran, das zu bemerken. Dostojewski stellt diese Geisteshaltung in seinem Werk *Die Brüder Karamasow* folgendermaßen dar:

„Hinzu kommt, dass er (Aljoscha) ein wenig schon ein junger Mann unserer neueren Zeit war, das heißt: von Natur aus ehrlich, begierig nach Wahrheit, sie suchend und an sie glaubend und deshalb mit aller Kraft der Seele danach trachtend, ihrer sofort teilhaftig zu werden und baldigst etwas Großes zu tun, bereit, dafür alles zu opfern, notfalls sogar das Leben. Leider begreifen diese jungen Leute nicht, dass es in den meisten Fällen leichter sein mag, das Leben zu opfern, als von der schäumenden Jugend fünf, sechs Jahre auf ein schweres, mühsames wissenschaftliches Studium zu verwenden, sei es auch nur, um die eigenen Kräfte für den Dienst an jener Wahrheit, für jene große Tat zu mehren, der man sich einmal verschrieben hat. Doch ein solches Opfer übersteigt fast stets die Kräfte vieler junger Leute."[79]

Diese Sätze sind auch heute noch völlig gültig, nur in etwas anderem Kontext. Ein „mühsames wissenschaftliches Studium" unternehmen heute viele junge Leute. Aber das Opfer der mühsamen Arbeit eines *Schulungswegs*, um „die eigenen Kräfte für den Dienst der Wahrheit … zu mehren", übersteigt die Kräfte auch der meisten nicht so jungen Leute. Wieviel Energie wird dazu verwendet, das politische System, die Umstände, die „Anderen" und so weiter zu kritisieren – oft zu Recht – und wie wenig dafür, die eigene, kranke, zerstreute, schwache Aufmerksamkeit zu heilen. Es nützen alle Blogs und Demonstrationen und Revolutionen der Welt nichts, wenn *wir* uns nicht ändern.

Und etwas später in Dostojewskis Buch sagt der weise Starez Sossima:

„Die träumerische Liebe dürstet nach einer Großtat, rasch ausgeführt und von allen gesehen. Es kommt so weit, dass man sogar sein Leben hingibt, nur wenn die Sache schnell erledigt wird und so, dass alle es sehen und loben – wie auf der Bühne. Die tätige Liebe dagegen ist Arbeit und Geduld; sie ist für manche Menschen gewissermaßen eine richtige Wissenschaft. Ich kann es Ihnen im Voraus sagen: Sobald Sie mit Schrecken wahrnehmen, dass Sie all Ihrem Bemühen zum Trotz dem Ziel

---

79 Dostojewski: *Die Karamasow Brüder*, 1. Teil, Erstes Buch, Kap. Die Starzen. Übersetzung: Hermann Röhl

nicht nur nicht näherkamen, sondern sich scheinbar von ihm entfernten – in diesem selben Augenblick, das prophezeie ich Ihnen, werden Sie plötzlich das Ziel erreichen und deutlich Gottes wundertätige Kraft erkennen!"[80]

Nie waren diese Sätze gültiger als jetzt. In „heldenhafter" und possenreißerischer Weise bemühen wir uns, immer leistungsfähigere Maschinen und Algorithmen zu bauen, anstatt „mit Schrecken" wahrzunehmen, dass wir „allen Bemühungen zum Trotz dem Ziel nicht nur nicht näherkamen, sondern uns scheinbar von ihm entfernten". Das „mit Schrecken wahrnehmen" bedeutet natürlich: ehrlich wahrnehmen. Ohne heldenhafte Pose, ohne sich hinter gelesenen Weisheiten zu verstecken, ohne Illusionen und ohne Lügen. Dann würden wir wahrnehmen, dass das „Himmelreich nah ist"[81], nur einen Schritt weit entfernt. Allerdings in der anderen Richtung, als wir bis jetzt gesucht haben. Wer das wahrnimmt, vollzieht die Umkehr.

3.4 Was ist der Mehrwert des „maschinellen Denkens"?

Kann ich einen Algorithmus für ein Problem entwickeln, das ich nicht vollständig verstehe? Nehmen wir dazu ein bekanntes Beispiel aus der Mathematikgeschichte. Der Lehrer der Klasse, ich welcher der kleine Gauß, der spätere „Princeps

80 *Ebenda,* Zweites Buch, Kap. Eine kleingläubige Dame.

81 „Tut Buße, das Himmelreich ist nahe herbeigekommen!" (Matthäus 4,17). Tut Buße – wie Kühlewind darauf hinweist – bedeutet eigentlich: Ändert den Sinn (griechisch: *metanoeite*)!

mathematicorum“ zur Schule ging, wollte sich eine Stunde Freizeit verschaffen und hatte den Schülern gesagt: Addiert alle Zahlen von 1 bis 100. Das wäre eine klassische „algorithmische“ Aufgabe, die wenig Denken, aber viel Zeit benötigt. Nach einer Minute hat sich aber der kleine Gauß schon gemeldet: „Bin fertig“. Der Lehrer war verblüfft und fragte: „Wieviel ist das?“ „5050.“ „Und wie bist Du darauf gekommen?“ fragte der Lehrer, der keine Ahnung vom richtigen Ergebnis hatte. „Ganz einfach“ antwortete Gauß: „1 + 100 ist 101, 2 + 99 ist auch 101 und so weiter bis 50 + 51, ich muss also 50 mal 101 nehmen und habe das Ergebnis: 5050“. Der kleine Gauß hatte ein ganz anderes Verständnis des Problems gewonnen als seine Mitschüler und sogar sein Herr Lehrer. Die Mitschüler hätten mit der Zeit die Aufgabe (viel später und vermutlich mit vielen Fehlern versehen) auch gelöst. Trotzdem ist uns allen klar, dass die Lösung von Gauß viel eleganter, „mathematischer“ ist als die andere, langweilige algorithmische Lösung. Wir wollen damit nicht sagen, dass das Erfinden eines Algorithmus nicht auch eine kreative Tätigkeit wäre, es existieren extrem kreative Algorithmen in der Informatik. Die Lehre aus der Geschichte ist, dass der Grad des Verständnisses, der Wachheit, schon am Anfang des Lösungsansatzes sehr unterschiedlich sein kann.

Wenn wir für ein Problem eine intuitive, mathematische Lösung haben – idealerweise in einer einzigen Formel –, dann ist diese leicht berechenbar. Wenn wir ein ganzes Gleichungssystem haben, ist die systematische Berechnung schon viel mühsamer, und dann wäre eine Maschine, die diese durchführt, sehr hilfreich, aber im Prinzip nicht unbedingt nötig.

Wenn weder Formeln noch Gleichungen möglich sind, wie bei Phänomenen der Natur oder der Gesellschaft, dann besteht der nächste Schritt darin, die Phänomene mithilfe eines Computers zu „modellieren“ oder zu „simulieren“. Kein Mensch kann den Verkehr einer Großstadt in mathematische Formeln bringen. Wir können aber die Verhaltensweisen einzelner Fahrzeuge, Verkehrsampeln und Straßen relativ einfach algorithmisch beschreiben, dann aufgrund von gemessenen Daten in Großstädten die statistischen Verteilungen der Daten feststellen und damit eine „virtuelle Stadt“ generieren. Wenn unsere Messungen ausreichend weitspurig und genau waren, dann wird sich diese „simulierte“ Stadt im Computer – in Bezug auf die simulierten Eigenschaften – sehr ähnlich verhalten wie eine echte. Und jetzt können wir sogar manche Grenzen sprengen: extreme Verkehrssituationen erzeugen und damit die Engpässe in einer Stadt festlegen und natürlich auch beheben. So können „Computermodelle“ erstellt werden, die keineswegs vollständiges Verständnis und Überblick über alle Ereignisse verlangen, uns aber trotzdem Einsichten geben, die wir sonst nie hätten gewinnen können. Klarerweise gilt hier aber auch, dass am Anfang und am Ende immer Menschen stehen, die das Modell erstellen und seine Ergebnisse interpretieren.

Eine bezeichnende Schwierigkeit ist, dass das Modell stark von der Qualität der Daten abhängt. Nehmen wir dazu ein einfaches Beispiel: Wir messen wiederholt irgendwelche Messwerte eines Naturphänomens. Der Lauf der Messwerte entspricht eigentlich ziemlich genau einer Sinuswelle, wir wissen das aber leider nicht (wir modellieren eben ein Phänomen, das wir nicht voll verstehen). Wenn wir mit unseren Messungen nur eine ansteigende Flanke der Sinuswelle erwischen, würde unser Modell annehmen, dass das Signal (dessen Werte wir gemessen haben) linear wächst. Solange die Flanke andauert, wäre unser Modell fast perfekt anwendbar (und wiederholt jedes Mal bei einer ansteigenden Flanke). Ab dem Punkt, wo sich die Sinuswelle umdreht, läge unser Modell aber komplett daneben. Wenn wir nicht genügend lange messen, würden wir das nie bemerken – oder erst bei irgendeinem größeren Krach, den unsere Modellrechnung verursacht hat. Wenn die Periode dieser Sinuswelle Jahre, Jahrzehnte oder noch mehr ausmacht, wäre ein solcher Fehler sogar unvermeidlich. Hätten wir verstanden, dass das Signal einer Sinuswelle folgt, hätten wir dieses Problem nicht. Wir können also sehr wohl Modelle oder Simulationen von Phänomenen erstellen, die wir nur partiell verstehen. Diese können uns aber sehr grob täuschen. Zum Beispiel wenn das modellierte System anfängt, sich ganz anders als üblich zu verhalten. Natürlich wissen das die Wissenschaftler, die solche Modelle erstellen, und solche Einschränkungen eines Modelles werden in den wissenschaftlichen Publikationen meistens auch gründlich beschrieben. Wenn die Modelle aber, implementiert in Software, in die Hände weniger fundiert ausgebildeter Menschen kommen, können solche Nebenbedingungen leicht vergessen werden. Noch schlimmer wird es, wenn diese Schwierigkeiten der Interpretation von Modellrechnungen absichtlich missbraucht werden.

Es gibt eine große Anzahl von Modellen des wirtschaftlichen und gesellschaftlichen Lebens. Sie gehen alle davon aus, dass sich das Verhalten von Menschen modellieren lässt, dass also große Überraschungen nicht zu erwarten sind. Im Verhalten der Wirtschaft wird zum Beispiel der Egoismus der Firmen und der einzelnen Menschen als gegeben angenommen. Jede Firma ist daran interessiert, einen immer größeren Gewinn und Marktanteil zu erlangen (auf Kosten der anderen), jeder Mensch ist daran interessiert, sein Vermögen zu vergrößern (auf Kosten der anderen). Was für eine Überraschung wäre es, wenn sich die Menschen plötzlich dafür entscheiden würden, nicht mehr egoistisch zu leben, weniger zu konsumieren und die Wirtschaftsgüter miteinander zu teilen. Alle Wirtschaftsprognosen würden zusammenbrechen. In gewisser Hinsicht auch die Wirtschaft, wie wir sie kennen. Aber die Menschen wären mit Sicherheit viel glücklicher. Man wundert sich nur: Wieso tun wir das nicht schon längst? Was hindert uns daran?

Seit Jahrzehnten gibt es große Bemühungen in dem Bereich der sogenannten „künstlichen Intelligenz", den Computer aus den Schranken der Eindeutigkeit zu befreien. Lange war einem Computer zum Beispiel der Begriff der „Ähnlichkeit" unzugänglich. Man konnte ohne Schwierigkeit zwei digitale Bilder von Punkt zu Punkt vergleichen und feststellen, ob sie gleich sind. Aber ähnlich? Was ist das überhaupt? Woher weiß der Mensch, dass zwei Bilder ähnlich sind? Was ist ähnlicher: zwei Fotos von zwei verschiedenen alten Menschen, oder zwei Fotos vom gleichen Menschen aus Kindheit und Alter? Mit dem Anbruch der modernen Techniken des „maschinellen Lernens" scheinen nun solche Probleme und noch einiges mehr für den Computer zugänglich zu werden. Was kann künstliche Intelligenz wirklich, und was bedeutet das für die Bewusstseinsentwicklung des Menschen?

3.5 Künstliche Intelligenz und maschinelles Lernen

Die künstliche Intelligenz (KI[82]) gibt es schon seit den 70er-Jahren des 20. Jahrhunderts. Damals wurden große Versprechungen gemacht, von denen sehr wenig eingehalten werden konnte. Diese Entwicklung hat Joseph Weizenbaum in seinem bahnbrechenden Buch *Computer Power and Human Reason* aufgezeigt. Er hat auf viele Grenzen der KI hingewiesen, die von ihren Vertretern oft absichtlich verschwiegen oder heruntergespielt wurden – nicht zuletzt, um leichter an Forschungsförderungsgelder heranzukommen.

In den letzten Jahrzehnten hat allerdings KI, insbesondere das *maschinelle Lernen* (ML) durch die sogenannten *convolutional neural networks* (CNN) einen neuen Schwung erhalten. Künstliche neuronale Netze wurden schon viel früher vorgeschlagen. Im Gehirn bilden neuronale Netze dynamische Verbindungen, die sich durch das Lernen verändern. Die Idee der künstlichen neuronalen Netze ist, diese Strukturen in Software nachzubilden und dadurch ein Programm zu erhalten, das ähnlich wie der Mensch „lernen" sollte. Die neuronalen Netze können mathematisch als Graphen dargestellt werden, die Stärke oder Wichtigkeit von Verbindungen durch die Gewichte der Kanten. Ein gegebenes neuronales Netz kann also durch die Gewichte der Kanten beschrieben werden. „Lernt" das Netz etwas Neues, ändern sich die Gewichte – die sich letztlich als ein Vektor (also eine Zahlenreihe) darstellen können. Die zuerst vorgeschlagenen einfachen Netze haben keine besonders guten Ergebnisse geliefert. Die Idee

82 Englisch: Artificial Intelligence (AI)

von CNN war, mehrere Schichten von solchen Netzen miteinander zu verbinden, so dass die tieferen Schichten das Gelernte der höheren Schichten übernehmen. Die neue Technik nannte man deshalb auch *deep learning*. Die ergibt inzwischen in vielen Bereichen verblüffend gute Ergebnisse, deshalb lohnt es sich zu verstehen, wie sie – stark vereinfacht – funktioniert.

Für die Erklärung nehmen wir als Beispiel die Schrifterkennung. Nehmen wir an, wir wollen hand- oder maschinengeschriebene Texte fotografieren oder einscannen[83] und automatisch in „codierte" oder „computerisierte" Texte umwandeln, also in eine Form, die aus für den Computer bekannten Schriftzeichen besteht.[84] Der Vorteil des codierten Formats ist, dass nachher alle gewohnten textbasierten Verfahren wie zum Beispiel die Suche nach oder das Ersetzen von bestimmten Wörtern zur Verfügung stehen. Wenn wir etwas digital fotografieren, erhalten wir im Computerspeicher eine große Anzahl von Bildpunkten, die alle gleichwertig sind und unter denen keine Ordnung herrscht. An den Bildpunkten allein ist es nicht einmal ersichtlich, ob es sich um einen Text, um eine Landschaft, um ein Portrait und so weiter handelt. Falls wir wissen, dass es um Schrifterkennung (in einer bestimmten Sprache) geht, müssen wir die Buchstaben „erkennen". Die Schwierigkeit liegt darin, dass der gleiche Buchstabe jedes Mal ein bisschen anders aussieht. Auch bei Maschinenschrift sind die gleichen Buchstaben nicht vollkommen gleich; je nach Beleuchtung, Lage und so weiter sind

83 Scannen ist im Wesentlichen eine Art Fotografieren.

84 Eine Technik, die schon seit längerer Zeit auch in der Praxis gut funktioniert.

sie fast immer etwas anders. Im Falle von handgeschriebenen Texten kommt die zusätzliche Schwierigkeit dazu, dass einerseits jeder Mensch anders schreibt, andererseits auch der gleiche Mensch immer ein bisschen anders schreibt. Für uns Menschen bedeutet es meistens keine große Schwierigkeit, die Buchstaben zu erkennen (von manchen sehr großzügigen Handschriften einmal abgesehen), auch deshalb nicht, weil wir dazu immer gleich das ganze Wort und den ganzen Satz als Hilfskontext benutzen. Ein Vergleich von Bildpunkt zu Bildpunkt passt für die Buchstabenerkennung sicherlich nicht, der würde die „gleichen" Buchstaben schon bei der geringsten Differenz als unterschiedlich erkennen. Wie können wir die *Ähnlichkeit* von gleichen Buchstaben erfassen? Mit einer mathematischen Formel gar nicht. Mit komplizierten, heuristischen[85] Algorithmen vielleicht, aber mühsam und ziemlich mangelhaft. Mit maschinellem Lernen geht das überraschend gut. Wir machen folgendes: Wir „zeigen"[86] der Maschine positive („das ist ein *A*") und negative („das ist kein *A*") Beispiele und „trainieren" damit ein künstliches neuronales Netz. Die Gewichte der Kanten erhalten dabei für jeden Buchstaben einen anderen Wert. Bei den „Trainingsdaten" wissen wir die richtige Lösung, damit können wir durch eine Rückkopplungsschleife die Genauigkeit fortlaufend verbessern[87]. Letztlich erreichen wir, dass die Gewicht-Vektoren

85 Auf explizites vorgegebenes Wissen gestützte Verfahren.

86 Das „zeigen" besteht meistens durch das Einlesen von sogenannten „annotierten" Bildern, also ein Bild + eine semantische Beschreibung des Inhalts.

87 Die Idee einer negativen Rückkopplungsschleife ist, dass wir den Fehler in der Ausgabe eines Systems an die Eingabe zurückführen und von der abziehen (darum „negativ"), solange, bis der Fehler un-

von *A*s von denen von *B*s und *C*s und so weiter ausreichend unterscheidbar sind. Jetzt können wir unser CNN mit neuen (Nicht-Trainings-)Daten konfrontieren. Es gibt für jede Klasse (im Beispiel jeder Buchstabe) eine Wahrscheinlichkeit aus, ob es sich um ein *A*, *B* ... und so weiter handelt. Im Idealfall hat genau eine Klasse die Wahrscheinlichkeit 1, alle anderen 0, in der Praxis ist allerdings diese Genauigkeit nur selten zu erreichen. Wenn aber eine Klasse eine signifikant höhere Wahrscheinlichkeit hat als alle andere, dann ist sie meistens ein guter Kandidat. Zusätzliche Heuristik kann noch bei der letzten Entscheidung helfen. Mit genügend Trainingsdaten trainiert, wird unser CNN fotografierte Texte automatisch mit einer recht hohen Genauigkeit[88] in codierte Texte umwandeln.[89]

Nehmen wir ein anderes Beispiel: Es gibt Krebsarten, bei denen die gutartige und die bösartige Variante visuell[90] sehr ähnlich sind und deshalb von unerfahrenen Ärzten leicht verwechselt werden können. Wenn wir nun einen Datensatz erstellen, bei dem erfahrene Ärzte die gutartigen bzw. bösartigen Varianten als solche annotieren, können wir damit ein neuronales Netz trainieren. Wenn wir einen ausreichend großen Datensatz zur Verfügung haben, kann die Erkenntnisgenauig-

---

ter einen gegebenen Schwellenwert fällt. Eine positive Rückkopplungsschleife hingegen addiert den Fehler zur Eingabe, und führt so letztlich zu einer Explosion (wie z.B. in einer Atombombe).

88 Es gibt eine Menge technischer Feinheiten, auf die wir nicht eingehen; wir wollen nur das Wesen von maschinellem Lernen verstehen.

89 Verbesserungen, die den Kontext berücksichtigen, sind hier auch möglich, darauf gehen wir aber hier nicht ein.

90 Ob es um Röntgen, CT, MRT, Video usw. Bilder geht, ist in diesem Kontext irrelevant.

keit des Netzes so gut werden, dass sie unerfahrene oder müde Ärzte übertreffen kann. So etwas wird dann in der Öffentlichkeit gerne so präsentiert: „KI-Programm erkennt Krebs besser als Ärzte!“ Triumph. Das ist natürlich absoluter Nonsens: Die Ärzte, die die Annotationen erstellt haben und auch die, die die Leistung des Netzes auswerten, sind immer besser. Aber es stimmt, dass die Leistung einer solchen Software in der Praxis sehr hilfreich sein kann, sogar besser als die *durchschnittliche* ärztliche Leistung. In verantwortungsvollen Anwendungen werden solche Hilfsmittel immer in Kooperation mit menschlichen Benutzern verwendet. Eine Software kann zum Beispiel die eindeutigen Fälle im Voraus aussondern und bei den nicht eindeutigen einen Vorschlag machen, über den letztlich ein Arzt die Entscheidung trifft. Solche Systeme, sorgfältig entwickelt und angewendet, können den Ärzten viel unnötige Arbeit abnehmen und damit Zeit ersparen und so die Qualität der Arbeit deutlich steigern. Am besten ohne journalistische Nebengeräusche.

Die ML-Systeme können also gewisse Strukturen, Muster (*pattern*) in Datenmengen erkennen. Sie können vorgegebene Klassen identifizieren (wie die Klasse der gutartigen bzw. bösartigen Pathologie). Sie können aber auch ohne à priori Kenntnisse von Klassen große Datenmengen analysieren und darin Muster finden. Im ersten Fall sprechen wir von Klassifikation, im zweiten von Clustering. Wir könnten zum Beispiel eine Menge Zahlen analysieren und feststellen, dass sich ein besonders großer Cluster um die Zahl 36 bildet, ein kleinerer um 37 und 38 und wieder ein etwas größerer um 39. Unter 34 und über 41 gibt es keine Werte mehr. Wir könnten daraus schließen, dass es sich um Körpertemperaturen von Menschen handelt, und dass die meisten untersuchten Menschen eine gesunde Temperatur haben, einige erhöhte Temperatur und eine größere Gruppe hohes Fieber. In diesem Fall müssten wir nicht im Voraus wissen, was die Zahlen und die Cluster bedeuten. Das bedeutet, dass mit solchen – und anderen, noch komplexeren – Verfahren auch unbekannte Verbindungen und Gesetzmäßigkeiten gefunden werden können – wenn am Ende ein Mensch sie als solche erkennt.

Die Analyse von sehr vielen Daten (*big data*) können somit neue Einsichten liefern. Natürlich bleibt die Interpretation der gefundenen Klassen und Cluster immer die Aufgabe von Menschen. Trotzdem entsteht mit diesen Techniken ein nie da gewesenes Werkzeug, um Prozesse in der Natur und der menschlichen Gesellschaft zu analysieren und zu deuten. Diese können auch zu überraschenden Ergebnissen führen. Es könnte sich zum Beispiel herausstellen – das Beispiel ist jetzt pure Fantasie –, dass aus den Präferenzen der Leute beim Einkaufen von Hygieneartikel auf Gesundheitszustand und Alter und auch noch auf Parteipräferenzen und sexuelle Neigungen geschlossen werden kann. Es können die wildesten und unglaublichsten Zusammenhänge gefunden werden. Wenn wir so etwas hören, neigen wir dazu, uns aufzuregen, weil wir das Herausfinden solch verborgener Zusammenhänge als Eingriff in unsere Grundrechte erleben. Diese Aufregung ist natürlich völlig berechtigt. Trotzdem sollten wir uns fragen: Was ist der größere Skandal? Dass die KI-Techniken in unsere Geheimnisse hineindrängen oder dass wir in unseren intimen Angelegenheiten dermaßen berechenbar sind?

Alle Techniken können für gute und böse Zwecke verwendet werden. Moral bleibt ein Privileg von freien Menschen: Bei Maschinen von Moral zu reden ist sinnlos und basiert auf einem Missverständnis des Wesens der Moral. Ohne Freiheit gibt es keine Moral und ohne Moral verliert der Mensch seine Freiheit.

Wir machen bei den ML-Systemen folgende stillschweigende Annahme: Wenn ich einem ML-System viele *A*s und *B*s zeige, die im Netz eine ihnen entsprechende Konfiguration (also Gewichtvektoren) hervorrufen, dann ist es berechtigt anzunehmen: Wenn ein Bild zum Gewichtvektor von *A*s führt, dann ist am Bild ein *A* zu sehen. Das ist eine *statistische* Annahme. Die ist meistens korrekt. Ist sie das immer? Eindeutig nein. Je mehr mein untersuchtes System von dem üblichen Verhalten abweicht, desto weniger. Nehmen wir an, ein ML-System wurde erfolgreich für die deutschsprachige Handschrift eines männlichen Autors trainiert. Nun schreibt seine Frau die griechische Übersetzung eines Satzes in griechischen Buchstaben darüber. Es ist sicher, dass die Schrifterkennung daran scheitern wird. Solche Systeme teilen also das Verhalten der vorher beschriebenen Witz-Automaten: Sie lachen nur über alte Witze gut. Typische, sich wiederholende Muster erkennen sie gut. Mit Überraschungen können sie wenig anfangen. In vielen Anwendungen sind allerdings gerade diese die wichtigsten. Nehmen wir an, wir haben ein ML-System, das Videoaufnahmen von chirurgischen Eingriffen analysiert und die typischen Sequenzen innerhalb typischer Operationen mit hoher Wahrscheinlichkeit erkennen kann.[91] Damit kann man solche Videos automatisch indizieren und intelligente Suche

---

91 Sehr viele übliche („standard") Operationen (wie z. B. die Katarakt-OP in der Augenchirurgie) enthalten mehr oder weniger „standardisierte" Teilsequenzen, die zwar bei unterschiedlichen Chirurgen etwas anders ausgeführt werden, aber doch stark dem gleichen Muster folgen. In manchen Bereichen wird sogar eine explizite Standardisierung angestrebt.

in medizinischen Videoarchiven ermöglichen. Das ist für Forschung, Lehre und Verwaltung zweifelsohne nützlich. Wirklich spannend sind aber die Fälle, die vom Typischen abweichen. Es ist möglich, ein ML-System zu entwickeln, das atypische Fälle mit relativ hoher Genauigkeit als „atypisch" kennzeichnet. Was das aber konkret bedeutet, ob es sich zum Beispiel um eine neue Krankheit oder nur einen Bildfehler handelt, muss letztlich ein Mensch feststellen. Über wirklich neue Witze können auch die besten KI-Systeme nicht lachen.

Die wichtigste Frage für uns ist: Was bedeuten KI und ML in der Entwicklungsgeschichte des menschlichen Bewusstseins? Ist das nur eine neue Technik, oder ist das etwas mehr? Eines ist klar: All diese Verfahren beruhen auf statistischen Annahmen. Was bedeutet das?

3.6 Warum verwenden wir statistische Verfahren?

Maschinelles Lernen ist im Wesentlichen ein statistisches Verfahren. Je mehr und je genauer die Trainingsdaten sind, desto genauer die Ergebnisse. Wann verwenden wir aber statistische Verfahren? Immer dann, wenn wir etwas nicht verstehen. Nehmen wir an, jemand (von einem fremden Planeten) hat das Prinzip der Multiplikation nicht verstanden. Er könnte eine ML-Software mit Hunderttausenden von Gleichungen der Form a x b = c trainieren, die mit der Zeit „lernen" würde, dass 2 x 2 = 4 eine häufige Aussage ist, und so weiter. Somit könnte diese Software mit der Zeit die Fähigkeit der Multiplikation mit ziemlich großer Genauigkeit nachahmen. Für alle, die multiplizieren *können*, wäre das trotzdem eine Lachnummer. Zu Recht. Ungefähr so komisch müssen unsere Bemühungen, mit Hilfe von KI die Schöpfung zu erkunden, für die Schöpferwesen erscheinen. Ob sie sich über uns eher amüsieren oder ärgern, sei dahingestellt.

Ein weiterer Aspekt ist, dass wir statistisch nur ähnliche Objekte zusammenbetrachten können. Äpfel und Birnen kann man bekanntlich nicht zusammenzählen – außer wir fassen sie unter einem Oberbegriff, wie Früchte, zusammen. Sind alle Objekte unserer Untersuchung wesentlich unterschiedlich, dann sind alle statistischen Verfahren, egal wie geistreich sie sind, völlig sinnlos. In Bezug auf Kaffeetassen ist die Zusammenfassung unter einem Oberbegriff oder einer Oberklasse berechtigt, weil wir die schöpferische Idee kennen, aus der alle Kaffeetassen entstanden sind. In Bezug auf die Natur ist das schon schwieriger: Da sind unsere Oberbegriffe oder Klassen nur äußerlich – die schöpferischen Ideen kennen wir nicht.

Noch heikler steht es mit statistischen Verfahren in Bezug auf Menschen. Die statistischen Verfahren müssen ihre Objekte als vergleichbar, „zusammenzählbar" betrachten. Sie müssen also den Menschen als abstraktes Objekt betrachten, als Patient, Konsument, Passagier und so weiter. Alles was aus der individuellen Freiheit des Menschen stammt, „fällt durch den Rost", ist für die Statistik „Fehler". Statistiker können trotzdem gut schlafen: Wir Menschen verhalten uns leider Gottes äußerst selten wirklich individuell und frei. Deshalb stimmen die Statistiken so gut. Sollten wir aber der Meinung sein, dass der Mensch gerade dort am meisten Mensch ist, wo er frei und individuell ist, dann muss es uns klar sein, dass die Statistik unser Menschsein, unsere Würde, unsere Zukunft nicht retten wird. Weder mit noch ohne Computer.

Wir sehen in der zunehmenden Verwendung von KI eine wachsende Tendenz, die Welt gar nicht mehr verstehen zu wollen und stattdessen nur noch Verfahren zu entwickeln, die mit unseren Erwartungen im Einklang sind. Wie werden zum Beispiel neue schulmedizinische Medikamente eingeführt? Bei der Findung wird gewiss sehr viel Grundlagenforschung betrieben; es müssen von Anfang an exzellente biochemische Erkenntnisse vorhanden sein, um Wirkstoffe zu finden, die vielleicht helfen. Dann werden Tierversuche und letztlich klinische Studien durchgeführt und statistisch ausgewertet. Wenn Medikament *A* signifikant bessere Ergebnisse liefert als Medikament *B*, wird *A* als das bessere Medikament betrachtet. Wir stellen nicht notwendigerweise den Anspruch, genau zu verstehen, wie *A* und *B* wirken, warum *A* bessere Ergebnisse liefert als *B*. Der Gewinner des statistischen Vergleichs ist „besser".[92] Ist das wirklich so? Offensichtlich nicht unbedingt. Bei dem statistischen Verfahren werden Patienten und Symptome entlang abstrakter Oberbegriffe betrachtet; sonst können wir Statistik nicht anwenden. Komplementärmediziner und auch Psychologen wehren sich oft gegen statistische Verfahren mit der Begründung: Jeder Patient und jede Erkrankung ist anders. Statistik ist dann nicht anwendbar. Wer hat Recht?

Bei solchen Dilemmata geht es immer um Verstehen. Wenn jemand das Wesen der Krankheit, ihre Verbindung zum

---

92 Natürlich werden bei der Bewertung nicht nur statistische Verfahren verwendet, es werden auch Wirkungsmechanismen untersucht, und man bemüht sich schon um ein Verständnis. Aber das letzte Urteil fällt trotzdem die Statistik: Wenn ein Medikament *A* 90 Prozent der Patienten heilt und Medikament *B* nur 50 % dann ist die Diskussion entschieden, vorausgesetzt, die Vergleichsbasis stimmt.

Wesen des Patienten (seine ganze individuelle Entwicklung im Leben einbezogen, vielleicht auch die vorangehenden Leben, wenn man das kann) und auch noch die Wirkung des benötigten Heilmittels oder Heilverfahrens *erkennend* nachvollziehen kann, dann braucht er keine Statistik. Wir brauchen auch keine Statistik, um zu beweisen, dass 2x2 = 4 ist, weil wir das verstehen. Die Schulmedizin geht pragmatisch vor und sagt: Es ist uns lieber, den Menschen schon helfen zu können[93], bevor wir dem viel zu hohen Anspruch des vollständigen Erkennens von Krankheit und Heilung entsprechen können. In Bezug auf die Komplementärmedizin (oder spirituelle Medizin) stellt sich also die Frage: Kann der Komplementärmediziner Krankheit und Heilung des jeweiligen, individuellen Patienten nachvollziehen und verstehen (wenn nicht vollständig, zumindest signifikant besser als der Schulmediziner) und wenn ja, kann er auch beschreiben, wie er zu solchen Erkenntnissen kommt? Falls ja, wäre ein sinnvoller Austausch möglich und die Medizin könnte neue Wege einschlagen. Falls nein, bleibt die Komplementärmedizin ein Nebenschauplatz und der Triumphzug der Statistik wird fortgeführt. Gegenseitige Schuldzuweisungen bringen nichts.

Die ehrliche Erkenntnis und das öffentliche Eingestehen der *eigenen* Grenzen könnte der erste Schritt sein. Den ersten Schritt müssten – meiner Meinung nach – die Komplementärmediziner tun. Argumente, wie „X oder Y hat das gesagt und er wird das gewusst haben; wir selbst verstehen es zwar

---

93 Die Frage, ob die Vermeidung einer Krankheit immer hilfreich ist, z.B. im Hinblick auf manche Kinderkrankheiten, lasse ich hier absichtlich außer Acht, weil das nicht direkt zum Thema dieser Studie gehört.

nicht so genau, wir vertrauen aber X oder Y", werden nicht reichen.

3.7 Werden Computer unsere Gedanken lesen können?

Die Presse ist voll von Prophezeiungen darüber, was Computer in der Zukunft alles können werden. Eine allwissende Polizei mit gläsernen Bürgern, selbstfahrende Autos, implantierte Chips, die sich um unsere Gesundheit kümmern und uns auf Anhieb fähig machen, nie gelernte Sprachen zu sprechen und so weiter und so fort: Einige dieser „Visionen" sind zumindest technisch realistisch, andere wiederum völlig überzogen und manchmal lächerlich. Wie ich vom Leiter der Abteilung für Videoüberwachung einer Autobahngesellschaft hörte: „Wenn wir nur ein Zehntel von dem technisch umsetzen könnten, wessen wir in der Öffentlichkeit regelmäßig beschuldigt werden, wäre ich schon ganz zufrieden."

Inwiefern solche, oft völlig absurde Anwendungen als wünschenswert oder aber erschreckend erscheinen, ist eine andere, viel schwierigere Frage. Wir haben schon gesehen, dass auf diesem Gebiet eine fast magische Kraft wirkt, die die Menschen dazu zu bringen scheint, alles machen zu wollen, was machbar ist und gleichzeitig vor allem Angst zu haben, wovor man sich nur fürchten kann.

Eines der am meisten diskutierten Themen dieser Art ist die Frage: Werden Computer irgendwann unsere Gedanken in unserem Gehirn lesen können? Oder tun sie das vielleicht schon? Es gibt Berichte, wonach fast vollständig gelähmte Menschen mit ihrer Gedankenkraft einen Roboter dazu bringen können, ihnen ein Glas Wasser zu reichen oder ihre Bewegungsprothesen in Gang zu setzen. Das stimmt aber *so* nicht. Um es kurz zu machen: Computer können keine Gedanken in unserem Gehirn lesen, jetzt nicht, und auch in Zukunft nicht. Aus dem einfachen Grund, weil unsere Gedanken in unserem Gehirn nicht zu finden sind. Was kann man im Gehirn durch Messungen finden? Elektrische Ströme, die durch chemisch-biologische Veränderungen hervorgerufen werden. Das EEG-Bild eines Gehirns sagt überhaupt nichts über den Inhalt der Gedanken der Person aus, dessen Gehirnströme gemessen wurden.

Man könnte einwenden: Wie ist es aber mit Erinnerungen? Die müssen doch irgendwo gespeichert sein, oder? Da stellt sich aber die Frage: Wo und in welcher Form? Im Gehirn hat niemand je ein Erinnerungsbild gefunden, etwa so, wie im Speicher eines Computers digitalisierte Bilder zu finden sind. Wenn unser Gedächtnis eine Art „Speicher" wäre, dann würden daraus die Erinnerungen immer in einer bestimmten Form auftauchen, was offensichtlich nicht der Fall ist. Wie genau die Erinnerungen im Gehirn repräsentiert, abgebildet werden sollten, kann auch niemand sagen. Digitale Bilder werden in Form einer Matrize von Bildpunkten dargestellt, komprimierte Bilder (wie JPEG) nutzen die räumlichen Redundanzen für eine effizientere Speicherung aus – es bleibt aber immer eine bestimmte Repräsentation. Sie ändert sich nicht, während unsere Erinnerungsbilder das sehr wohl tun. Außerdem ist es unklar, *wer* in diesem Speicher etwas suchen soll und wie. Wenn in mir aufgrund eines Duftes, oder auch ohne einen wahrnehmbaren Grund, Erinnerungen aus der Kindheit auftauchen, so suche ich nichts, die Erinnerungen sind schon da. Das Thema der menschlichen Erinnerung ist ein eigenes Kapitel, auf das wir hier nicht näher eingehen wollen.[94] Es ist aber völlig klar, dass unser Gedächtnis ganz anders funktioniert als ein Computerspeicher. Alle Schichten des menschlichen Organismus spielen dabei eine Rolle (vom Ich über den Empfindungs- und Lebensleib), so dass unsere Eindrücke nicht flüchtig bleiben, sondern uns – tiefer oder weniger tief, länger oder kürzer – prägen.

Wie funktioniert nun der Fall, bei dem ein Patient in der Tat einen Roboter durch Gedanken dazu bringen kann, ihm ein Glas Wasser zu geben? Das geschieht in ähnlicher Weise, wie wir es bei der Schrifterkennung mit maschinellem Lernen gesehen haben. Die messbaren Werte der Gehirnströme können durch den körperlichen Zustand und dieser kann wiederum durch das Innenleben beeinflusst werden. Durch Messen dieser Werte können wir zeigen, dass eine Person, die Durst hat und sich wünscht, ein Glas Wasser zu bekommen, ein anderes Muster der Gehirnströme aufweist, als wenn sie sich bewegen möchte und diesen Wunsch innerlich formuliert. Damit kann man ein ML-System trainieren, um die entsprechenden Muster der Messwerte zu lernen und eine Klassifikation durchzuführen. Dann funktioniert es auch umgekehrt: Wenn gewisse Muster in den Messwerten erkannt werden, kann das ML-System mit einer gewissen Genauigkeit den richtigen Schluss ziehen, ob der Proband trinken oder gehen möchte. Dass die Presse das dann gerne als „Computer liest Gedanken" publiziert, ist bedauernswert, allerdings nicht wirklich verwunderlich.

---

94 L. Böszörmenyi: *Können sich Computer erinnern?* (https://www.itec.aau.at/~laszlo/Antro/Computer_Erinnerung.pdf)

Diese Frage wirft aber eine weitere sehr wichtige Frage auf: Wo sind dann unsere Gedanken, wenn nicht im Gehirn, und was ist die Rolle des Gehirns beim Denken? Wir haben dieses Thema schon kurz berührt, es verdient aber einen zweiten Blick.

3.8 Denkt das Gehirn meine Gedanken, oder bewegt mein Denken das Gehirn?

Heute wird es nicht nur in der Presse, sondern auch in der wissenschaftlichen Literatur als selbstverständlich betrachtet, dass das Denken vom Gehirn erzeugt wird. Denken und Gehirntätigkeit werden meist einfach als Synonyme verwendet. Das ist umso erstaunlicher, als es gar keine Erklärung dafür gibt, wie denn eigentlich die biologischen, chemischen, elektrischen Prozesse des Gehirns tatsächlich in Gedanken oder Vorstellungsbilder des Bewusstseins umgewandelt werden sollten. Die häufigste Erklärung, die man hören kann, lautet: „Woher denn sonst sollten die Gedanken kommen, wenn nicht aus dem Gehirn?" Diese „Erklärung" ist sehr bezeichnend: Einen geistigen Prozess, der nicht aus einem materiellen Prozess stammt, will man nicht zulassen – man gibt aber gleichzeitig zu, dass die „Erklärung" eigentlich gar nichts erklärt. Eine viel ehrlichere Erklärung wäre: „Wir wissen es nicht." Aber das klingt natürlich nicht so gut.

Wenn das Denken das Produkt des Gehirnprozesses, also eines Naturphänomens wäre, dann wäre es völlig sinnlos, über Wahrheit oder Falschheit eines Gedankens zu reden. Wenn das, was ich jetzt gerade denke, notwendig und ursächlich aus dem biologisch-chemischen Zustand meines Gehirns abgeleitet werden kann, dann ist das so und fertig. Dann hat das, was ich gedacht habe, mein Gehirn ausgeschieden, wie mein Körper auch Schweiß ausscheidet, ist also weder wahr noch falsch, diese Kategorien sind komplett sinnlos. Wahrheit ist dann höchstens eine Illusion. Das gilt aber dann auch für die Aussage, „die Gedanken werden vom Gehirn produziert". Vielleicht ist das so. Aber wer sollte das wissen? Ein Gehirn? Oder doch ich, der das sagt? Wenn ich am EEG meinen eigenen Gehirnprozess beobachte, wie verfolge ich das mit meinem Denken? Lese ich vom EEG ab, was ich gerade gedacht habe? Oder doch umgekehrt und interpretiere mit meinem Denken, was ich sehe? Kann es einen Gedanken geben, der nicht einem Ich-Wesen gehört? Sondern der nur so, vom Winde verweht, herumfliegt? Oder vom Gehirn her auftaucht? Das führt natürlich zur nächsten Frage: Wer bin ich, von dessen Gedanken die Rede ist? Ist das auch nur eine Illusion, dass es mich gibt? Falls ja, wessen Illusion? Dieser Gedankengang sollte ausreichen um klarzumachen, dass Ich, Verstehen und Denken Begriffe sind, die man auf gar nichts zurückführen kann: Um sie zurückzuführen muss schon jemand da sein, der das denkt. Die Versuchung, das Denken auf Gehirnfunktion zurückzuführen, kommt daher, dass wir die eigene Denktätigkeit normalerweise nicht erfahren, sondern nur ihre Ergebnisse. Und das führt wieder zu dem schon mehrfach erwähnten Punkt zurück: Eine Sicherheit in dieser Angelegenheit können wir nur in der konzentrierten, meditativen *Erfahrung* der eigenen, gegenwärtigen Denktätigkeit erlangen. Jede dualistische Diskussion ist zwecklos.

Man könnte jetzt einwenden, dass Menschen, die Hirnschädigungen erlitten haben, in verschiedenen Bewusstseinsfunktionen beeinträchtigt werden können, je nachdem, welches und ein wie großes Gebiet im Gehirn beschädigt wurde – sei es in Funktionen des Sprechens, Verstehens, Wahrnehmens, aber auch in der Bewegung. Auf dieses Argument hat Kühlewind immer wieder geantwortet: Das gilt aber auch für das Musikinstrument eines Musikers. Mit einer beschädigten Geige wird das Geigenspiel beeinträchtigt, ohne Geige ist es unmöglich, zu spielen. Trotzdem glaubt niemand, dass die Geige die Musik verursacht. Oder dass der Bogen den Arm des Musikers bewegt und nicht umgekehrt. Dazu kommt noch, dass es auch Fälle gibt, wo Menschen, die durch eine Beschädigung des Gehirns die Fähigkeit des Sprechens verloren haben, wieder sprechen lernen können. Durch mühsame geistige Arbeit, nicht durch eine Reparatur des Gehirns. Offensichtlich mithilfe eines anderen Gehirnteiles als dem beschädigten sogenannten „Sprachzentrum". Etwa so, wie wenn ein Violinist, dessen Geige beschädigt ist, an einer Flöte zu musizieren lernt. Das ist möglich. Dass eine Geige von selbst anfängt zu musizieren, hingegen nicht.

Die Rolle des Gehirns beim Denken ist ähnlich der eines Musikinstruments. Die Rolle des Gehirns ist es dabei, den „Denkprozess abzutöten", um dessen Ergebnis bewusst werden zu lassen.[95] Der Denkprozess selbst ist nicht bewusst, wir schlafen im Akt des Verstehens in die geistige Welt hinein, wir sind in einem Licht, das für das Alltagsbewusstsein viel zu stark ist, um es wach zu erfahren. Am Ende (und nicht am Anfang) des Denkprozesses wird das Gehirn berührt. Damit wird der Denkprozess am Gehirn abgebremst und sein Licht abge-

---

95 Siehe dazu z.B.: R. Steiner: *Der innere Aspekt des sozialen Rätsels*, 12.6.1919. GA 193. Zitiert in G. Kühlewind: *Vom Umgang mit der Anthroposophie.* Verlag Freies Geistesleben, 1991

schwächt. Im nächsten Augenblick „wachen wir auf", und es erscheint im Bewusstsein der Gedanke oder das Vorstellungsbild – also gleich nachdem der Prozess schon abgeklungen, abgeschwächt ist. Das ist die Konsequenz der schon erwähnten Entwicklung im neunten Jahrhundert, als die Fähigkeit allgemein wurde, die Gedanken als von uns hervorgebrachte Erzeugnisse zu erfahren. Deshalb können wir die Gedanken als unsere eigenen erleben – allerdings nur in ihrer schon vergangenen, abgeschwächten Form. Diese Abschwächung ist die letzte Hilfe, die der Mensch sozusagen „von oben" bekommt und die es ihm möglich macht, seine Freiheit aus eigener Kraft zu verwirklichen. Von diesem Zeitpunkt an ist er für sich selbst, für sein Bewusstsein verantwortlich.

Den Prozess des Denkens erleben wir im Alltag nie bewusst, er kann nur in der Konzentration und Meditation erfahren werden. Deshalb bleibt uns dieser Prozess dunkel, unbewusst, und das verleitet zu der Annahme, dass er gar kein Bewusstseins-, sondern ein biologischer Prozess sein könnte. Wie aber ein prinzipiell dunkler – also unverständlicher – Prozess in unserem Bewusstsein das Licht des Verstehens anzünden soll, bleibt völlig unerklärt.

Wenn wir die Rolle des Gehirns im Denken in der hier dargestellten Weise verstehen, wird es auch klar, was Steiner unter „gehirnunabhängigem Denken" gemeint haben könnte. Er schreibt zum Beispiel:

„Aber, was heißt es, sie (die Leute) verstehen es (die geisteswissenschaftlichen Mitteilungen) nicht? Es heißt nichts anderes als: Ich will mich nur des physischen Gehirns zum Verstehen bedienen, ich will nicht lernen ein anderes Denken als das, welches sich faul an das physische Gehirn anlehnen kann. Mit dem ist natürlich anthroposophische Weltanschauung nicht zu verstehen. Nicht als ob man hellsichtig sein müsste, um sie zu verstehen, aber man muss sich üben in einem solchen Denken, das nicht an das physische Gehirn gebunden ist."[96]

Man muss einen solchen Text ehrlich lesen. Was soll das heißen: „... man muss sich üben in einem solchen Denken, das nicht an das physische Gehirn gebunden ist". Kann ich das? Ich habe beim Denken überhaupt keine Erfahrung darüber, was mein Gehirn währenddessen tut oder nicht tut. Wenn mir jemand sagt: Na, übe ein bisschen das „Denken, das nicht an das physische Gehirn gebunden ist", dann wüsste ich nicht einmal, wie ich anfangen soll. Wenn ich aber bedenke, dass der schon gedachte Gedanke am Ende, beim Tod des Denkprozesses entsteht, dann wird es klar, dass es darum geht, den *gegenwärtigen* Denkprozess bewusst zu erfahren, *bevor* er zum Gedanken wird (wozu er sich des Gehirns bedient). Und das kann ich üben. Ich kann üben, die Idee einer Kaffeetasse in reiner Form im Bewusstsein zu halten, so wie sie ist, *bevor* sie zum konkreten Bild einer Kaffeetasse wird, ich kann versuchen, den Sinn eines Meditationssatzes lebendig im Bewusstsein zu halten, so wie er ist, *bevor* er in Worte gefasst wird, auch den unaussprechlichen Sinn einer Wahrnehmung (einer Farbe zum Beispiel) im Bewusstsein zu halten, so wie er ist, *bevor* er zum konkreten Wahrnehmungsbild wird.

Ich kenne aus meiner eigenen Übungspraxis einigermaßen die Erfahrung, die man den lebendigen, gegenwärtigen Prozess des Denkens nennen kann, und natürlich auch den Moment, wie am Ende einer Übung das Bewusstsein auf die Alltagsebene, ins Gegenstandsbewusstsein „herunterfällt". Wie

96 Ebenda.

aber das Denken einen Augenblick vor dem Bewusstwerden am Gehirn abgebremst wird, kann ich nicht erfahren. Ich verlasse mich dabei auf Beschreibungen derer, die berichten, es zu können (wie Steiner). Das reicht auf jeden Fall dazu, die obige Erklärung zumindest als Hypothese, und zwar als die bessere Hypothese, gelten zu lassen. Der Prozess des Denkens ist lichtvoll – so lichtvoll, dass das Alltagsbewusstsein dieses Licht nicht aushält. Der letzte Blitz dieses Lichtes ist das, was wir Verstehen nennen. Der Rest spielt sich in Verborgenheit ab. Wenn man das Licht zudeckt, wird es dort finster. Wenn man die Finsternis zudeckt, wird es nicht hell. Licht kann nur aus (stärkerem) Licht stammen, Verstehen kann nur aus (größerem) Verstehen stammen. Das Verstehen auf Nicht-Verstehen zurückzuführen, ist eine selbstmörderische Geste des Geistes. Und zwar nicht nur im „übertragenen“ Sinne.

3.9 Wachsen Mensch und Computer zusammen?

Eine weitere Frage, die die Öffentlichkeit intensiv beschäftigt, ist die, ob Mensch und Computer auf irgendeine Weise zusammenwachsen werden? Bezeichnenderweise ist die Sci-Fi-Literatur in diesbezüglichen fantastischen Vorstellungen der wissenschaftlichen Forschung meilenweit voran.

Wir haben gesehen, dass ML-Methoden sehr „datenhungrig“ sind. Mit je mehr Daten sie gespeist werden, desto genauer sind sie in ihren Clustering- und Klassifikationsverfahren. Wenn Chips, die mit Sensoren versehen sind, an das menschliche Gehirn oder auch an andere Körperteile angehängt oder gar in diese implantiert werden, können viel mehr und genauere Daten gesammelt werden. Die auf diese Weise gesammelten Daten können an leistungsfähige Rechner weitergeleitet werden, die diese in unterschiedlichsten ML-Algorithmen verwenden können. Wenn manche Chips auch mit sogenannten *Aktoren* versehen werden, kann der Rechner Befehle an die – auf den Körper oder in ihm angebrachten – Aktoren senden, die direkt das Gehirn oder die Muskeln beeinflussen und in ihnen Reize hervorrufen können. So könnten die Gehirnsignale in der schon beschriebenen Weise zum Beispiel als Durst interpretiert werden, und der Rechner könnte anschließend entweder einem Roboter einen Befehl erteilen, dem Patienten ein Glas Wasser zu reichen, oder aber er könnte die Befehle gleich an die Aktoren senden, die die gelähmten Muskeln auf eine Weise reizen, dass der Arm des Patienten zum Wasserglas greift.

Es sollte uns klar sein, dass die Grundprinzipien solcher Systeme die gleichen sind wie bei der einfachen Buchstabenerkennung. Trotzdem eröffnen solche Technologien ganz neue Möglichkeiten – und sicherlich nicht nur gute. Ich glaube, niemand wird es schlecht finden, wenn einem gelähmten Menschen geholfen werden kann, dass er einen Teil seiner Mobilität und insbesondere seiner Entscheidungsfreiheit zurückgewinnt.[97] Es tut sich aber auch eine neue Dimension der

---

97 Ein ehemaliger Kollege von mir, ein Familienvater mit drei Kindern, lebte – nach einer Gehirnhautentzündung, ausgelöst durch einen Zeckenbiss – jahrelang gelähmt, bis auf die Zehen, die Zunge und die Augen. Nach einiger Zeit wurde ihm ein Spezialcomputer zur Verfügung gestellt, den er mit Zunge und Zehen steuern konnte. Kommunizieren mit seiner Umgebung konnte er schon früher mithilfe einer speziellen Augensprache. Aber immer nur, wenn jemand zu ihm kam. Ein Gespräch *initiieren* konnte er erst mithilfe dieses Computers. Wir waren über seinen Jubel und Dank für diese neu erworbene Freiheit zutiefst erschüttert und irgendwie auch beschämt.

Missbrauchsmöglichkeiten auf. Einerseits bezüglich der missbräuchlichen Verwendung der gesammelten Daten, andererseits, noch schlimmer, durch die eingebauten Aktoren. Stellen wir uns vor, jemand hackt sich mit bösen Absichten in die Steuerung eines solchen an den Körper angebrachten oder gar darin implantierten Systems ein. Es ist ein wiederkehrendes Muster, dass bei der Einführung neuer Technologien zuerst immer mit guten Anwendungen argumentiert wird, die es meistens auch gibt. Die Probleme werden erst dann angesprochen, wenn es in gewisser Hinsicht schon zu spät ist. In der Pionierzeit der Computer hat noch niemand geahnt, dass *Systemsicherheit*, der Schutz der Computersysteme, zu einem der wichtigsten Themen werden würde. Diese Naivität ist heute nicht mehr zu entschuldigen. Es gibt sogar einen eigenen Wissenschaftszweig, *Technologiefolgenabschätzung* genannt, der sich mit solchen Fragen beschäftigt. Firmen, die sogenannte innovative Technologien entwickeln, lassen sich allerdings dadurch kaum aufhalten. Weise Gesetze und vor allem moralische Einsicht trifft man selten.

Es gibt noch einige weitere, ganz fantastische „Visionen", die viele Menschen faszinieren. Ich vermute deshalb, weil sie wiederum Zerrbilder von wahren großen Visionen und Sehnsüchten sind, die allerdings nicht richtig, sondern verfrüht aus einer anderen Sphäre heruntergeholt und umgesetzt werden. In der gegebenen Form wirken sie oft verblüffend primitiv und tragikomisch – wie eine nicht besonders gut gelungene Karikatur. Sie zielen auf ewige Gesundheit und auf das ewige Leben – auf technologischer Grundlage.

Ein solcher Gedankengang lautet folgendermaßen.[98] Es ist

98 H. Moravec: *Mind Children*, 1988.

bekannt, dass alles, was digital codiert ist, als eine – möglicherweise sehr lange – Zahl dargestellt wird. Also ist eine Aufnahme eines Streichquartetts von Beethoven auf einer CD[99] letztlich auch eine lange Zahl. Die Aufnahmen aller Werke von Beethoven machen eine noch viel längere Zahl aus. Letztlich ist dann Beethoven selber – oder eine beliebige andere Person – eine noch viel längere Zahl. Zugegebener Weise kennen wir diese Zahl nicht, wenn wir sie aber kennen würden, könnten wir die ganze Persönlichkeit in einem Computer festhalten und damit sozusagen ins ewige Leben überführen. Wir müssten nur dafür sorgen – da Computer auch nicht ewig betriebsbereit sind – die Zahl von Zeit zu Zeit auf einen neuen Computer zu übertragen.

So absurd das klingt, solche Ideen wurden ernsthaft publiziert, teilweise in seriösen wissenschaftlichen Organen. Es wurde dem Autor des obigen Gedankengangs auch die Frage gestellt: „Wenn die Persönlichkeit auf diese Weise aus dem biologischen Körper in einen Computer umziehen kann, was geschieht dann mit dem ursprünglichen Körper?“ „Ja, der wäre dann eigentlich überflüssig“, war die Antwort. „Das könnte man auch als einen Plan zur Ausrottung der ganzen Menschheit ansehen“ – hat daraufhin Joseph Weizenbaum in einem Vortrag an der Universität Klagenfurt dazu bemerkt. Es ist klar, dass der Autor selbst keine mörderischen Absichten hatte, aber es ist schon vorgekommen, dass verrückte Ideen von anderen ernst genommen und umgesetzt wurden. Jeden-

99 Auf einer CD werden Audiodaten entsprechend der sogenannten MPEG-Kompressionsverfahren gespeichert. Dieses wurde unter der Anforderung definiert, dass Beethovens IX. Symphonie auf einer CD gespeichert werden kann.

falls ist, abgesehen von diesem Aspekt, diese armselige technologische Karikatur der Idee der Reinkarnation fast schon amüsant.[100] Wie diese in eine lange Zahl gegossene Persönlichkeit leben sollte, insbesondere wie sie sich entwickeln sollte, erfahren wir nicht. Aber der ganze Vorschlag ist unverkennbar – vermutlich dem Autor völlig unbewusst – eine sehr misslungene „Inkarnation" der Idee der Reinkarnation.

Eine andere, viel interessantere „Vision" lautet folgendermaßen.[101] Man kann eine Zelle eines Gewebes durch künstliche Stoffe (wie sogenannte *Nanoröhren*) ersetzen, die viel robuster sind als biologische Zellen. Wenn man eine Zelle ersetzen kann, könnte man auch zwei, dann auch drei und so weiter ersetzen, bis der ganze menschliche Körper ausgetauscht ist. Damit wäre der Mensch alle Krankheiten los und letztlich unsterblich. Eine gewisse „Wartung" ist auch bei diesem neuen Kunstkörper nötig, aber wie viel besser wäre ein solcher Körper als unser schwacher, krankheitsanfälliger „biologischer Körper"! „Gott war halt kein guter Ingenieur", heißt es. Dass Krankheit und Tod eine wichtige Rolle in unserem Leben spielen – dieser Gedanke ist heutzutage natürlich ganz fremd.

Wer das ewige Leben sucht, müsste sich vorher fragen, von wessen ewigem Leben wir reden. Wer ist das Wesen, das sich in der Geburt auf der Erde inkarniert, wer ist der, der sie im Tod verlässt? Solange ich dieses Wesen nicht kenne, ist jedes

---

100 Joe Weizenbaum hat mir erzählt, wie er sich auf eine Fernsehdiskussion mit dem Autor dieser Idee vorbereitet hat: „Er wird erwarten, dass ich versuche zu beweisen, dass sein Vorhaben gar nicht möglich ist. Das werde ich aber gar nicht tun", schmunzelte er. „Ich werde ihn fragen: Warum, um Gottes Willen, sollten wir das tun?"

101 R. Kurzweil: *The Age of Spiritual Machines,* 1999.

Gerede über das ewige Leben gezwungenermaßen albern. Das ewige Leben hat nur einen Sinn, wenn es eine *Erfahrung des Bewusstseins* ist. Das Alltagsleben ist auch eine Erfahrung des Bewusstseins, die ist *gegeben*. „Das ist aber das ewige Leben, dass sie dich, der du allein wahrer Gott bist, und den du gesandt hast, Jesum Christum, erkennen." (Johannes 17,3). Diese Art der Erkenntnis müssen wir erst *erlangen*. Wie erbärmlich sind diese technologischen Versuche, sich etwas mit Gewalt und List zu erschleichen, was nur durch innere Arbeit und Liebe zu erreichen ist. „Und er sprach zu ihnen: ‚Wahrlich ich sage euch: Es stehen etliche hier, die werden den Tod nicht schmecken, bis dass sie sehen das Reich Gottes mit seiner Kraft kommen'" (Mark 9,1). Um die Kraft des Reichs Gottes zu ertragen – dazu müssen wir uns selbst, unsere Aufmerksamkeit entsprechend kräftig machen. *Das* wäre die Aufgabe des modernen Menschen – nicht die Erfindung von abenteuerlichen Tricks und Umwegen.

Diese Idee der „Ersetzung" des Körpers finde ich auch deshalb interessant, weil sie an einen Vergleich von Rudolf Steiner erinnert – mit dem Steiner natürlich etwas ganz anderes sagen wollte. Er sprach damals über die Mission des Menschen und über die Vision der Zukunft:[102]

„Denken Sie, Sie sitzen in einem Wagen, denken Sie, Sie haben ihn geschenkt bekommen oder geerbt. Sie fahren in diesem Wagen aus. Ein Rad am Wagen wird schadhaft. Sie ersetzen das alte Rad durch ein neues. Jetzt haben Sie den alten Wagen, aber ein neues Rad. Nehmen wir an, nach einiger Zeit wird wieder ein zweites Rad schadhaft, Sie wechseln es aus und haben jetzt den alten Wagen und schon zwei neue Räder.

---

102 R. Steiner: *Geisteswissenschaftliche Menschenkunde*, S. 307. GA 107.

In ähnlicher Weise ersetzen Sie das dritte, vierte Rad und so weiter, und Sie können sich doch leicht vorstellen, dass Sie eines Tages tatsächlich nichts mehr haben von dem alten Wagen, sondern alles durch Neues ersetzt haben … Und jetzt übertragen Sie das auf die menschliche Entwickelung …

Und er wird am Ende seiner Entwickelung noch das an sich tragen, was er nicht erhalten, sondern sich selber erarbeitet hat, was er aus dem Nichts herausgebildet hat. Da haben Sie das Dritte, was zu Evolution und Involution[103] hinzukommt, da haben Sie die Schöpfung aus dem Nichts."

Die Mission des Menschen ist es, alles neu zu machen und alles Geerbte abzuwerfen. Ein Pianist empfindet während des Spielens – wenn er gut, also in voller Hingabe spielt – seinen Körper nicht, er stellt ihn in den Dienst der Musik, er empfindet die Musik, nicht sich selbst. Der erlöste Mensch – der Mensch, der an der Erlösung seinen eigenen Anteil geleistet hat – wandelt alles in sich um. Beginnen muss diese Arbeit im Geist. Am Ende wird auch der Körper umgewandelt. Der „verklärte Leib" (Phil. 3,21) empfindet nicht sich selbst, er dient nur dem Ausdruck eines Sinns. Er wird – mit dem Ausdruck von Kühlewind – durchsichtig, wie die Schriftzeichen, die vor unseren Augen verschwinden und zum Sinn der Zeichen führen. So erinnere ich mich zum Beispiel an den ersten Ball von Natascha, an ihr verlegenes Lächeln, an ihre Freude, als Prinz

103 Zur Erklärung dieser Begriffe: „So haben wir, wenn wir das Maiglöckchen anschauen, zwei Zustände zu unterscheiden. Ein Zustand ist, wo das ganze Wesen des Maiglöckchens *Involution* ist: der Same enthält das Wesen eingewickelt, involviert. Indem es herauswächst, geht es in die *Evolution* über, dann aber schlüpft das ganze Wesen des Maiglöckchens wieder in das werdende, neue Samenkorn hinein." Ebenda, S. 101.

Andrei sie zum Tanz auffordert – nicht aber an den Schriftsatz, mit dem das Buch[104] gedruckt wurde. Die Zeichen verschwinden nicht, sondern wandeln sich in ihre Bedeutung um. So wird unser verklärter Leib – und die ganze Erde – durchsichtig werden. In ferner Zukunft. Wenn wir heute schon daran arbeiten.

> *Erde, ist es nicht dies, was du willst: unsichtbar*
> *in uns erstehn? – Ist es dein Traum nicht,*
> *einmal unsichtbar zu sein? – Erde! unsichtbar!*
> *Was, wenn Verwandlung nicht, ist dein drängender Auftrag?*
> *Erde, du liebe, ich will.*
>
> Rainer Maria Rilke: *Duineser Elegien*, Die neunte Elegie

Das „Verwachsen" von Menschen und Computern setzt den Trend der verfrühten Verkörperung von Inspirationen fort, die, zu ihrem Ursprung zurückgeführt, etwas ganz anderes bedeuten würden. Die Ideen der Erlösung, der Auferstehung, des ewigen Lebens sollten in uns reifen und greifen – stattdessen bauen wir Algorithmen und Kunststoffkörper.

„Und so können wir verstehen, wie uns die Götter erst als Fahrzeug gegeben haben unsere drei Leiber, wie sie nach und nach aufgebaut haben dieses Fahrzeug und dann uns die Fähigkeit gegeben haben, dieses Fahrzeug nach und nach wieder zu überwinden, wie wir wieder Stück für Stück vom Fahrzeug wegwerfen dürfen, weil die Götter uns Stück für Stück zu ihrem Ebenbilde machen wollen, zu dem, was sich sagen kann: Mir ist die Anlage gegeben zu dem, was ich werden soll, aber aus dieser Anlage heraus habe ich mir eine neue Wesenheit ge-

---

104 L. Tolstoi: *Krieg und Frieden.*

schaffen."[105] Kann ich das von mir sagen? Sicher nicht. Arbeite ich zumindest daran?

3.10 Woher kommt die Faszination der Computerwelt?

Wäre die Informatik eine technische Fachwissenschaft im Hintergrund, nur im Dienst der Industrie, der Medizin und der Verwaltung, dann würden wir über sie nicht reden – höchstens dann, wenn im Zusammenhang mit ihr Katastrophen auftreten würden. Niemand spricht über Virologie, bevor nicht eine Pandemie ausbricht – erst dann entpuppt sich gleich die halbe Welt als Experte in Virologie. Mit der Informatik scheint es anders zu sein: Sie fasziniert uns mit ihren Produkten. Woran liegt das?

Zuerst noch eine Anekdote: Es gibt ein großartiges, ungarisches Theaterstück mit dem Titel *Die Tragödie des Menschen* von Imre Madách aus dem 19. Jahrhundert. Das Stück wird auch der ungarische Faust genannt. Adam und Eva werden durch Luzifer in 15 Szenen durch die Geschichte der Menschheit geführt. Die erste Szene spielt im Paradies, die letzte, prophetische Szene im „Falanster", in einer imaginären Zukunft, wo alles der vereinheitlichten, industriellen Produktion unterworfen wird und Adam, in welchem in dieser Szene der Geist von Michelangelo lebt, bestraft wird, weil er in der Möbelfabrik, wo er arbeitet, die Füße der Stühle künstlerisch verziert. Dieses Stück wurde in einem Jahr in zwei Theatern in Ungarn

---

105 R. Steiner: *Geisteswissenschaftliche Menschenkunde*, S. 307. GA 107, S. 308

gleichzeitig gespielt. Im Nationaltheater in der Hauptstadt spielte den Luzifer ein alter, unsympathischer, hässlicher Schauspieler in Schwarz, mit kreischender Stimme. In einem kleineren Landtheater spielte ihn ein verführerischer Schönling in himmelblauem Kostüm. Ein väterlicher Freund von mir, Anthroposoph und selbst Theaterregisseur und Theaterpädagoge, hat nach dem Besuch beider Aufführungen lachend gesagt: „Natürlich ist die zweite Darstellung die richtige. Wäre die Sünde so wenig attraktiv wie der Luzifer im Nationaltheater, dann wären wir doch alle Heilige."

Und noch eine zweite, eine wissenschaftliche Geschichte. Im Rahmen einer soziologischen Studie[106] hat man in den USA mehrere Tausend computerisierte Arbeitsplätze untersucht, um festzustellen, wie lange sich die Menschen auf eine einzige Aufgabe konzentrieren können. Sie haben die Dauer gemessen, die ein Mensch an einer von ihm vorgenommenen Aufgabe arbeitet, bis zur ersten, messbaren Ablenkung durch Emails-Lesen, Telefonieren, Aufstehen, Wassertrinken, Plaudern mit Kollegen und so weiter. Das erschütternde und doch nicht überraschende Ergebnis war: Die durchschnittliche Zeit liegt nur knapp über zwei Minuten. Hätte man auch die unsichtbaren Ablenkungen messen können, wäre man vermutlich im Sekundenbereich gelandet – wie ein jeder bezeugen kann, der schon einmal versucht hat, Konzentrationsübungen zu machen. Nach dem Vortrag, in dem diese Studie präsentiert wurde, hat jemand die Wissenschaftlerin gefragt: Sind wir so unkonzentriert, weil wir ständig abgelenkt werden, oder las-

106 Den Bericht über die Studie habe ich bei einer Tagung vor ca. zehn Jahren gehört; die genaue Referenz kann ich leider nicht mehr finden.

sen wir uns ständig ablenken, weil wir so unkonzentriert sind? Eine Antwort auf diese Frage konnte sie nicht geben.

Unsere Aufmerksamkeit ist schwer krank. Sie ist schwach und zerstreut. Man könnte meinen: Halb so schlimm, warum muss man unbedingt konzentriert sein, die anderen sind es ja auch nicht. Man sollte dabei bedenken: Nichts ist uns näher als unsere Aufmerksamkeit. Ich bin immer dort, wo meine Aufmerksamkeit ist. Habe ich Zahnschmerzen, zieht das meine Aufmerksamkeit auf sich und hält mich in Bann. Kann ich aber meine Aufmerksamkeit auf etwas anderes lenken (wenn der Schmerz einigermaßen moderat ist), hört der Schmerz solange auf, wie ich bei diesem anderen bleiben kann.

Aufmerksamkeit ist meine ureigene Tätigkeit. Georg Kühlewind, der sich sehr ausführlich damit beschäftigt hat, formulierte dazu folgenden Meditationssatz: „Die Aufmerksamkeit sucht sich selbst." Und wo sie sich begegnet, da entsteht die Erfahrung des Ich. Ist diese Begegnung schwach und zerstreut, ist auch die Ich-Erfahrung schwach – man sollte sie dann deshalb eher „Ego-Erfahrung" nennen. Geschieht die Begegnung in voller Konzentration, wacht das wahre Ich auf. Die Krankheit der Aufmerksamkeit ist die Krankheit des Ich. Das ist die Wunde von Anfortas aus der Parzival-Geschichte, die durch kein Kraut und durch keine Medizin geheilt werden kann, nur durch eine Frage, die sein verborgenes, wahres Ich anspricht.[107]

---

107 Siehe dazu: G. Kühlewind: *Der Gral oder Was die Liebe vermag*, edition tertium, 1997, sowie L. Böszörmenyi: *Über die Freundschaft* (https://www.itec.aau.at/~laszlo/Antro/Freundschaft.pdf), auch in Zeitschrift *info3*, 11/2004

Ich habe ein paar Mal versucht, meine Aufmerksamkeit so zu beobachten, dass ich ihr keine Richtung gebe, dass sie kein Objekt hat. Eine Übung, bei der die Aufgabe daraus besteht, dass es keine Aufgabe gibt. Dieser Zustand ist kaum auszuhalten. Die Aufmerksamkeit will immer ein Objekt haben, wie ein Tier, das auf Beute lauert. Man ist bei einem solchen Versuch für jede Ablenkung „dankbar", die einen aus diesem unerträglichen Zustand (es droht die „tödliche Langeweile") befreit. Wie armselig, erniedrigend und tierisch ist dieser Umstand! Keine Übung konfrontiert uns besser mit dem mickrigen Grad unserer Freiheit als diese. Das ist auch der Grund, warum der Weg zur Meditation über die Konzentrationsübungen führt. Ich kann meine Aufmerksamkeit nicht einfach öffnen, leer machen, so dass die Götter zu mir sprechen und der heilende Strom der lebendigen Gegenwart in mich einströmt. Ich muss über den Umweg gehen und zuerst die Aufmerksamkeit stärken. Ich richte sie auf einen einzigen Gegenstand, so intensiv es nur geht. Dann kann es nach einer Weile eintreten, dass im Feuer der Aufmerksamkeit dieser Gegenstand verschmilzt und sich die Aufmerksamkeit umkehrt: *Das* ist die Meditation. Ich richte meine Aufmerksamkeit auf nichts mehr, sie ist aber intensiver denn je: Sie wird empfangend, sie wird zum Wahrnehmungsorgan für Geistiges. Wenn ich einen Nagel in die Wand schlagen will, bewege ich meine Hand mit dem Hammer zunächst weg vom Nagel, um Kraft zu sammeln, und erst anschließend schlage ich mit dem Hammer zu.[108] Genauso verhalten sich Konzentration und Meditation

108 Dieser Vergleich wird auch in dem Buch von Gitta Mallasz: *Die Antwort der Engel*, Daimon Verlag – in einem etwas anderen Kontext – benutzt.

zueinander. Konzentration bedeutet Kräfte zu sammeln, sie geht eigentlich in die umgekehrte Richtung wie die Meditation. Konzentration richtet sich auf eine einzige Idee, die Meditation auf gar keine.

Die schwache Aufmerksamkeit bettelt um Ablenkung! *Das* ist der eigentliche Grund für die Faszination, die von den Produkten der Informatik ausgeht. Das Paradebeispiel sind die „Computer Games“, also die Spiele. Die können die schwache Aufmerksamkeit gefangen halten, ähnlich wie ein Zahnschmerz, nur auf viel angenehmere Weise. Man könnte meinen: Das ist ja gut, warum soll der Mensch an seiner schwachen Aufmerksamkeit leiden, wenn er sich damit auch amüsieren kann? Abgesehen von der fragwürdigen Moralität dieser Einstellung gibt es damit ein weiteres Problem: Diese Krücken heilen die Aufmerksamkeit nicht, sondern machen sie nur noch kränker. Es entsteht ein teuflischer Kreis: Je weniger konzentriert ich bin, umso mehr unterhaltende Zerstreuung brauche ich, und je mehr Zerstreuung ich konsumiere, umso unkonzentrierter werde ich. Wie bei jeder Droge.

Das erklärt noch nicht, warum sich gerade die Informatik so gut als Ablenkung eignet. Wir könnten ja zum Beispiel auch Bücher lesen oder in der Natur spazieren gehen – viele Leute tun das auch. Aber die Anziehungskraft, die Laptops und Smartphones auf ihre Benutzer und z.T. sogar auf ihre Entwickler ausüben, scheint viel stärker zu sein. Eigentlich gibt es drei Arten der Attraktion. Die eine ist die Art der leidenschaftlichen, oder wie Weizenbaum in seinem Buch *Computer power and human reason* sie genannt hat, der „zwanghaften Programmierer“. Die zweite ist die der Benutzer von verschiedensten Anwendungen, wie von Emails, Suchmaschinen, sozialen Netzwerken und so weiter. Und die dritte ist die der „Gamer“.

Programmieren kann tatsächlich fast zur Droge werden. Da sind Programmierer – man nennt sie auch Hacker –, die keine Ruhe haben, solange ihr Programm nicht tut, was sie wollen, solange sie ihr Wollen dem Computer nicht aufgezwungen haben. Eigentlich hat das nie ein Ende, denn solche Leute erklären ihr Programm nie für fertig, man könnte immer noch ein bisschen weiter am Programm feilen. Weizenbaum vergleicht die zwanghaften Programmierer mit Glücksspielern, die mit dem Spiel nie aufhören können und die vom Misserfolg immer zu neuen, noch wilderen Regeln verleitet werden, die ihnen dann garantiert das Glück schenken sollen. Professionelle Programmierer zählen selten zu dieser Kategorie, sie gehören bezeichnenderweise zu der vor dem Computer-Rausch am besten geschützten Menschengruppe. Woraus man schließen könnte, dass Verstehen das beste Mittel gegen Sucht ist. Die gewöhnliche Büroverwaltung berauscht meistens auch weniger. Trotzdem starren die Leute in der U-Bahn, im Zug oder auf dem Klo gebannt auf ihre Smartphones, um ihre Mails zu lesen, bei Facebook nach Nachrichten zu suchen oder ihren Kalender zum zehnten Mal durchzublättern. Für Leute, die niemanden haben, mit dem sie sich in den sozialen Netzen austauschen könnten, gibt es inzwischen schon automatische „Gesprächspartner", mit denen man sich sogar halbwegs intelligent unterhalten kann. Und manche Leute benutzen das – obwohl sie wissen, dass sie es nur mit einer Maschine zu tun haben. Echte Gamer sind am meisten gefährdet; sie können tatsächlich ähnliche Symptome wie Drogenabhängige aufweisen. Es gibt noch viele weitere Facetten der Computer-Abhängigkeit, inzwischen kennen wir alle einige davon. Woran liegt es aber? Worin unterscheidet sich Computer-Abhängigkeit von anderen Zerstreuungen? Oder anders gefragt, wieso eignen sich Computer so gut, unsere Aufmerksamkeit für längere Zeit auf sich zu ziehen und sie trotzdem zerstreut zu halten? Gamer können nächtelang gebannt spielen, diese Art Aufmerksamkeit ist aber alles andere als konzentriert, viel mehr schlafwandlerisch und nervös.

Liest man ein exzellentes Buch, wie zum Beispiel *Krieg und Frieden* von Tolstoi, dann bleibt man dabei innerlich sehr aktiv. Von außen gesehen tut man fast nichts, innerlich verfolgt man aber in seiner Fantasie den ersten Ball von Natascha, die Schlacht von Borodino, die Verwundung von Andrei, die Liebe zwischen Natascha und Pierre und so weiter. Der Schriftsteller hilft zwar dem Leser, aber der Leser muss sich die Szenen selbst vorstellen, er befindet sich in hoher geistiger Aktivität. Ähnlich ist es beim Hören von klassischer Musik oder beim Anschauen von Gemälden: Die fordern eine hohe innere Aktivität, sonst kommen wir nie an sie heran.[109] Ganz gegenteilig verhält es sich beim Fernsehen: Hier ist die Aktivität meistens minimal (obwohl erstklassige Kunstfilme auch eine hohe innere Aktivität erfordern – diese sind aber im Fernsehprogramm seltener zu finden). Über die schädliche Wirkung des Fernsehens, insbesondere auf Kinder, wurde schon ziemlich viel geschrieben, leider ohne große Wirkung. Die Passivität der meisten Fernsehzuschauer ist eine traurige Parodie der Menschen alter Zeiten, die den göttlichen Offenbarungen zugehört haben: Heute hören wir Kommissar X und Kommissarin Y mit Andacht zu. Diese Passivität wird aber oft auch langweilig. Nach dem dritten Krimi wird es vielen Menschen doch zu fad.

---

109 Touristen, die in einer Gemäldegalerie nur die Unterschriften der Gemälde lesen und anschließend ein Foto knipsen, haben nichts von den Bildern erfasst.

Und damit sind wir wieder beim Computer. Denn der bietet die „richtige" Mischung aus Abwechslung und geistiger Passivität. Der Mensch am Computer oder am Smartphone ist nicht ganz passiv, aber auch nicht wirklich wach. Es geschieht immer etwas anderes, und irgendwie doch immer dasselbe. Er befindet sich in einem Zustand der „aktiven Passivität". Und jetzt kommt etwas sehr Überraschendes. Die Meditation könnte man nämlich mit den gleichen Worten bezeichnen: aktive Passivität. Was in der Meditation in voller Hingabe und Liebe gegenüber der geistigen Welt geschieht, erscheint im Computer-Konsum aber als zerstreuter Halbschlaf. Das deutet darauf hin, dass diese „schlafwandlerische Aktivität" ein Zerrbild, ein Abglanz eines hohen Ideals ist. In der Meditation lernen wir die Geste „Dein Wille geschehe" durchzuführen und in voll konzentrierter Gegenwart des Bewusstseins den Strom des Geistes in uns hineinströmen zu lassen.[110] Anstatt dieses Ideal mit Arbeit und Verzicht zu verwirklichen, begnügen wir uns am Computer mit einem billigen Ersatz. Und das leitet auch gleich über zur Idee der Heilung, in gewissem Sinne auf homöopathische Weise, also nach dem Prinzip „Gleiches mit Gleichem" zu heilen.

Wir haben eine tiefe Sehnsucht nach intensiven Erlebnissen, und diese Sehnsucht stammt aus dem tiefsten Inneren unserer Seele[111]. Das ist die Sehnsucht nach dem verlorenen Paradies, nach intensiven, geistigen Erfahrungen, nach Begegnungen mit geistigen Wesen (zu denen wir Menschen auch

---

110 „Ich empfinde mich denkend eins mit dem Strom des Weltgeschehens" – ist eine der Grundmeditationen von Rudolf Steiner. Siehe *Die Schwelle der geistigen Welt.* GA 17.

111 L. Böszörmenyi: *Sprechende Verzückung*. Das Goetheanum 46/2003 (https://www.itec.aau.at/~laszlo/Antro/Rausch.pdf)

gehören). Die folgende schöne Geschichte aus dem Buch *Die Erzählungen der Chassidim*[112] erzählt das so:

„Rabbi Elimelech sprach: ‚Ehe die Seele in die Luft dieser Welt tritt, führt man sie durch alle Welten. Zuletzt zeigt man ihr das Urlicht, das einst, als die Welt erschaffen wurde, alles erleuchtete, und das Gott dann, als der Mensch verdarb, geborgen hat. Warum zeigt man der Seele dieses Licht? Damit sie von Stund an Verlangen trage, es zu erreichen, und sich ihm im irdischen Leben Stufe um Stufe nähere. Und die es erreichen, die Zaddikim, in sie geht das Licht ein, aus ihnen hervor leuchtet es wieder in die Welt. Dazu ist es einst geborgen worden.'"

Wenn junge Leute die spießbürgerliche Lebensform ihrer Eltern ablehnen, dann haben sie völlig Recht. Das irdische Leben ist nicht dazu da, um es eintönig abzuleiern, sondern um höchste und intensivste geistige Erfahrungen zu erleben, um das „Urlicht" zu suchen. Zerstreuungen, Alkohol und Drogen sind alle nur Ersatz dafür. Und ganz besonders die Computer mit ihren abwechslungsreichen „Einschläferungstechniken". Wenn wir also unsere Kinder und die Jugend vor der Computer-Abhängigkeit bewahren wollen, müssen wir die verborgenen Motive erkennen und dementsprechend handeln. Nicht abgewürgt sollte die Sehnsucht werden, sondern auf der richtigen Ebene befriedigt. Die jungen Leute sehnen sich nach Abenteuer, an erster Stelle nach dem Abenteuer des Geistes – auch wenn sie das nicht wissen. Computer-Spiele oder Smartphone-Benutzung zu verbieten bringt nichts.[113] Die Pädagogik müsste

---

112 M. Buber: *Die Erzählungen der Chassidim* (S. 340). Manesse Verlag.

113 Das muss schon Herzeleide, Parzivals Mutter bitter erfahren: Da ihr Mann, Gahmuret, in einem Ritterkampf gefallen ist, beschließt sie, das Kind Parzival von allem Ritterlichen fern zu halten, sie lässt

dem eine richtige, edlere Art von Abenteuern entgegensetzen. Wenn es uns gelingt, die jungen Leute in die Abenteuer des Lesens, der klassischen Musik, der Kunst, der Erkundung der Natur und der menschlichen Begegnungen so einzuführen, dass sie diesen mit brennender Aktivität folgen und vielleicht sich auch darin auszudrücken lernen, dann wären sie gegen Drogen und andere Verführungen gut gewappnet.

Besonders wichtig ist diese aktive Arbeit bei kleinen Kindern. Die Strukturen im Gehirn entwickeln sich durch viele Jahre hindurch. Wenn Kinder zu früh und zu oft zum passiven Verhalten (wie Fernsehschauen oder Computerspielen) angehalten werden, entwickeln sich die Gehirnstrukturen mit verschiedenen Einschränkungen, was für das ganze Leben schwerwiegende Konsequenzen haben kann.[114] Stattdessen sollten die Erwachsenen selbst mit den Kindern spielen, ihnen Märchen erzählen, mit ihnen herumtollen und blödeln und so weiter und die Kinder dabei immer einbeziehen – in welcher Form auch immer.

Das Prinzip der „Heilung mit Ähnlichem" ist vielleicht nirgendwo so richtig wie auf diesem Gebiet. Nicht mit kaltem Wasser sollten wir das Feuer der jungen Seelen löschen, sondern im Gegenteil, lassen wir es wirklich auflodern, dass es nicht nur brennt, sondern auch leuchtet. Wie die vertikale Feuersäule, von der Moses in der Nacht in der Wüste geführt wurde. „Der Mensch und die Wissenschaft haben ihre verti-

---

ihn sogar Mädchenkleider tragen. Mit dem Ergebnis, dass der junge Parzival, als er zum ersten Mal die im Sonnenlicht schillernden Panzer von Rittern erblickt, die Ritter für Götter hält, ihnen folgt und selbst Ritter wird.

114 J. M. Healy: *Endangered Minds – Why Children Don't Think and What Can We Do About It.*

kale Komponente verloren" schrieb Ernst Schumacher.[115] Die müssen wir wiederfinden. Die richtige Nahrung der Seele ist Feuer – das Bild des Geistes.

Im ungarischen Märchen *Der himmelhohe Baum* wird ein Pferdchen in erbärmlichem Zustand im Stall des Drachen gefangen gehalten: „Es war nur Haut und Knochen, es konnte nicht aufstehen, lag am Boden und ächzte jämmerlich". Johannes, der junge Hirte, der die ebenfalls vom Drachen gefangene Prinzessin befreien will, versucht es mit Heu und Hafer zu füttern – ergebnislos. „Iss' doch, du elendes Geschöpf, damit du zu Kräften kommst", versuchte Johannes, das Pferd zu überreden – doch vergebens. Auf einmal begann das Pferd zu sprechen: „Ich sehe, Du hast ein gutes Herz, aber du fütterst mich mit Heu und Hafer und das vergeblich, das ist nichts für mich". „Was soll ich Dir geben?", fragte Johannes. „Brennende Glut, mein Junge, aber so viel wie möglich!"

Dieses Pferd ist ein Bild für den jämmerlichen Zustand unserer Seele – solange wir sie mit Heu und Hafer füttern. Als aber das Pferd mit „brennender Glut" gefüttert wird, geschieht eine wunderbare Umwandlung: „Johannes stockte der Atem, so sehr staunte er, als er sah, dass des Pferdchens Mähne glänzend war wie Gold, seine Knochen standen nicht mehr aus der Haut hervor, und – siehe da – es hatte nicht einmal mehr vier Beine, sondern fünf. Das Pferd schüttelte sich, es flimmerte Johannes vor den Augen. Solch ein wunderschönes, goldmähniges Ross wurde aus dem hinkenden, krüppligen Gaul, dass man von der Sonne weniger geblendet gewesen wäre als von ihm …"

---

115 E. F. Schumacher: *A Guide for Perplexed.* (*Rat für die Ratlosen.* Rowohlt 1979.)

Unsere Seele – ob jung oder alt – sehnt sich danach, mit brennender Glut, mit dem Feuer des Geistes ernährt zu werden. Erhält sie diese Nahrung, wandelt sie sich um. Sie wird leuchtend wie Sonnenlicht und erhält ein „fünftes Bein", ein „Körperteil", das biologisch nicht notwendig, überflüssig ist. „Überflüssig" wie Kunst, Dichtung, Liebe – alles was wirklich wichtig, aber nicht „notwendig" ist, sondern aus Freiheit geschehen soll. Erhält die Seele nur Ersatz – Heu und Hafer und Fernseher und Computerspiele und spießbürgerliche Lebensideale und langweilige Lektionen in der Schule – dann verkommt sie in der Gefangenschaft des Drachen. Wie genial hat der Schöpfer dieses Märchens vor vielen Jahrhunderten die Lage unserer Seele gesehen und ausgedrückt. Wie schön wäre es, wenn wir das langsam verstehen und umsetzen würden.

4. Die Umkehr – vom Mondenlicht zum Sonnenlicht

4.1 Der Weg des Neuen, der Weg der Zukunft

Neue Wege zu gehen – sei es in der Medizin, in der Pädagogik, in der Wissenschaft, in der Kunst, überhaupt als Mensch – stellt an uns einen sehr hohen Anspruch. Wir müssen die Fähigkeit entwickeln, die eigene Freiheit – die Quelle des Neuen in uns – zu ertragen. Dazu müssen wir unsere Aufmerksamkeit stärken, um damit die eigenen geistigen Fähigkeiten in ihrem Sprudeln aus ihren Quellen, wie das „Wasser des Lebens" im Märchen[116], wachbewusst erleben zu können. Ohne diese Fähigkeit – oder zumindest die ersten Schimmer davon – bleibt jede Diskussion über eine neue Welt inhaltslos. Das gewöhnliche, egoistische Bewusstsein wird weiter gestärkt in seiner täglichen Angst vor dem Neuen und vor der Freiheit. Das egoistische Bewusstsein macht uns zum Sklaven, Liebe und Güte machen uns frei. Wir können den Egoismus nicht ausschalten, nur umwandeln. Es gibt keinen anderen Weg in die Zukunft als den über die Freiheit. Die aus der Vergangenheit projizierte, berechenbare, maschinell modellierbare Zukunft ist keine Zukunft.

---

116 L. Böszörmenyi: *Das Wasser des Lebens* (https://www.itec.aau.at/~laszlo/Antro/Wasser.pdf), auch in *Das Goetheanum*

Nur der freie Mensch kann Zukunft entwickeln. Wenn wir uns gegen den „Imperialismus der maschinellen Vernunft", wie Weizenbaum es ausgedrückt hat[117], wehren wollen, dann müssen wir die Maschinen überraschen. Natürlich müssen wir nicht die Maschinen, sondern einander und uns selbst überraschen – die Maschinen würden es nicht merken, sie würden Fehler-Alarm schlagen. Das Böse kann weder Gutes noch Neues denken. In seinem eigenen Bereich ist es aber immer klüger als wir. Der einzige Weg es „auszutricksen" besteht darin, Gutes und Neues zu denken, zu fühlen, zu wollen. Darauf beruht in Tolkiens *Herr der Ringe* der Plan von Gandalf, das Böse „mit Torheit" zu besiegen:

„‚Weise ist, wer das Notwendige erkennt, nachdem alle anderen Möglichkeiten erwogen wurden', sagte Gandalf, ‚doch mag es sein, dass er denen als närrisch erscheint, die sich an falsche Hoffnungen klammern. Nun denn! Lasst Torheit unsern Mantel sein – ein Schleier vor den Augen des Feindes! Denn er selbst ist sehr weise und erwägt jede Kleinigkeit auf den Waagschalen seiner Tücke. Doch das einzige Maß, das er kennt, ist das Maß der Begierde, der Begierde nach Macht; und daran misst er alle Herzen. Ihm wird unbegreiflich sein, dass jemand den Ring verwerfen könnte, dass wir, obwohl wir ihn haben, ihn zu vernichten trachten. Wenn wir das versuchen, verwirren wir seine Berechnungen.'

‚Für eine Weile zumindest', sagte Elrond. ‚Dieser Weg muss beschritten werden, aber es wird sehr schwer sein, und weder mit Stärke noch mit Weisheit werden wir sehr weit kommen. Mit ebenso viel Hoffnung wie die Starken können die Schwachen auf diese Fahrt gehen. Doch so trifft es sich oft bei Taten,

117 J. Weizenbaum: *Computer Power and Human Reason.*

die der Welt ins Räderwerk greifen: Kleine Leute verrichten sie notgedrungen, während die Großen die Augen anderswo haben.‘“[118]

4.2 Kann ich das?

Die letzte Waffe der „kosmischen Faulheit“ in uns ist die innere Stimme, die sagt: „Ja, schön, es wird schon einen Himmel, eine geistige Welt geben, es wird schon auch Menschen geben, die daran glauben, vielleicht auch solche, die das sehen können – aber ich doch nicht.“

Wenn ich den Himmel irgendwo draußen über den Wolken suche, dann ist diese Kleinmütigkeit mehr als verständlich. Wenn ich aber verstehe, dass es sich um den eigenen geistigen Himmel handelt, also um das Quellgebiet meiner eigenen geistigen Fähigkeiten, dann wird klar, wie wahr es ist, dass „das Himmelreich nah“ ist. Ich suche doch nichts anderes als die Gegenwart meines eigenen Erkennens, dessen Vergangenheit, dessen Produkte ich schon kenne. Das kann weder unmöglich noch zu weit weg sein. Es wird auch klar, dass niemand anderer dazu berufen ist als ich selbst. Es geht doch um *meine* Fähigkeiten.

Dieser individuelle Himmel ist aber gleichzeitig ein gemeinsamer. Wenn ich etwas verstehe, mache ich eine unsichtbare geistige Bewegung. Wenn ich jemand anderen verstehe, ahme ich seine geistige Bewegung nach: Ich denke das gleiche wie er. Wenn wir einander verstehen, begegnen wir uns im

118 J.R.R. Tolkien, *Der Herr der Ringe*, I. Band. Übersetzt von Wolfgang Krege.

Geiste. Das ist keine räumliche Begegnung, wir nehmen einander den Platz nicht weg, unsere gegenseitigen verstehenden Gesten durchdringen einander. Es ist ein bisschen wie beim Tanz: Wir bewegen uns umschlungen gemeinsam. Wenn ich dich verstehe, nehme ich dir damit nichts weg. Denn das ist ein gemeinsames Gebiet, wo es keine Grenzen der Egoität gibt, wo die Menschen als vollwertige geistige Ich-Wesen einander begegnen. Solange diese Bewegungen und Begegnungen unbewusst ablaufen, können sich in die Bewusstwerdung, in die Formulierung Fehler und Lügen einschleichen. Auf der Ebene der rein geistigen Bewegungen sind diese unmöglich.

Einmal muss ich mich aber dazu entscheiden, diesen Weg gehen zu wollen. Wie Frodo, der kleine Hobbit, sich entschließt, als Ringträger ins Reich des Bösen einzudringen, um den Ring (und damit die Begierde nach Macht) zu vernichten. Nach dem Rat von Elben, Menschen, Zwergen und Hobbits wird die Frage gestellt: Wer soll den Ring tragen? Eine große Stille entsteht: Große Entscheidungen sollten am besten in großer Stille getroffen werden.

„Niemand antwortete. Die Mittagsglocke läutete. Immer noch sprach niemand. Frodo blickte in alle Gesichter, aber niemand blickte ihn an. Alle im Rat hatten die Augen gesenkt wie in tiefem Nachsinnen. Eine große Furcht ergriff ihn, als erwartete er die Verkündung eines Urteils, das er lange vorausgesehen und von dem er vergebens gehofft hatte, es würde am Ende nie ausgesprochen werden. Sehnsucht nach Ruhe und Frieden überkam ihn; sein Herzenswunsch war es, mit Bilbo in Bruchtal zu bleiben. Schließlich zwang er sich, etwas zu sagen, und wunderte sich über die eigenen Worte, als hätte ein fremder Wille sich seiner schwachen Stimme bedient. ‚Ich werde den Ring tragen', sagte er, ‚obwohl ich den Weg nicht weiß.'

Elrond hob die Augen und sah ihn an, und Frodo spürte, wie ihm der Blick jäh bis ins Herz drang. ‚Wenn ich alles, was ich gehört, recht verstanden habe', sagte er, ‚so glaube ich, dass diese Aufgabe dir, Frodo, zugedacht ist. Findest du keinen Weg, findet ihn niemand … Doch es ist eine schwere Last. So schwer, dass niemand sie einem andern aufbürden kann. Doch wenn du sie aus freien Stücken auf dich nimmst, so sage ich, dass dein Entschluss richtig ist …'"

Und nachdem man sich zu diesem Weg „aus freien Stücken" entscheidet, bekommt man meistens auch gleich Hilfe. Zum Beispiel in der Gestalt eines Freundes, so wie Frodo Sam als Wegbegleiter bekommt, der ihm Mut gibt, und der in den kritischsten Momenten ein tröstendes Wort der Alltagsnormalität und des Humors findet.

„‚Aber du willst ihn doch nicht etwa allein losschicken, Meister?', rief Sam, der nicht länger an sich halten konnte und aus der Ecke hervorsprang, wo er bisher still auf dem Boden gesessen hatte. ‚Freilich nicht!', sagte Elrond und lächelte ihm zu. ‚Wenigstens du sollst mit ihm gehen – ist es doch kaum möglich, dich von ihm zu trennen, selbst wenn er in einen geheimen Rat berufen ist und du nicht.' Sam setzte sich wieder hin, wurde rot und brummte etwas vor sich hin. ‚Da haben wir uns vielleicht was eingebrockt, Herr Frodo!', sagte er kopfschüttelnd."

4.3 Bilder des Untergangs, Bilder des Aufstiegs

Der Mensch ist aus dem Himmel und aus der Natur ausgezogen. Heute verleugnet er den Himmel, verwüstet und verbrennt die Natur, und er hat keine Ahnung, was er damit anrichtet. Er fürchtet vielleicht eine globale Umweltkatastrophe, die ihm auch bedrohlich werden könnte, ahnt aber nicht, dass damit die ganze Sendung des Menschen vereitelt würde. In *Herr der Ringe* erklärt Tolkien, dass die wahre Gefahr, die vom Bösen ausgeht, nicht darin liegt, dass es uns vernichtet, sondern, dass es uns ihm ähnlich macht. Ohne innere Umkehr ist die Welt nicht mehr zu retten, weder die Natur noch der Mensch. Die Welt brennt ab – wie in Tolstois Beschreibung[119] „die heilige Stadt" Moskau, nachdem die Moskauer ausgezogen und Fremde eingezogen sind.

„Wie verführerisch es auch für die Franzosen war, Rastoptschin der Brutalität zu beschuldigen, oder für die Russen, den Bösewicht Bonaparte zu beschuldigen oder, in späterer Zeit, die heroische Fackel ihrem eigenen Volk in die Hand zu legen, so kann man sich doch der Einsicht nicht verschließen, dass eine solche unmittelbare Ursache des Brandes nicht vorhanden sein konnte, weil Moskau eben abbrennen musste, wie jedes Dorf, jede Fabrik, jedes Haus abbrennen muss, wenn die Eigentümer wegziehen und es geschehen lassen, dass fremde Leute darin allein hausen und sich ihre Grütze kochen. Moskau ist von seinen Einwohnern eingeäschert worden; das ist richtig; aber nicht von denjenigen Einwohnern, die in der Stadt zurückgeblieben, sondern von denen, die fortgezogen waren."

Es gibt viele gewaltige Bilder des Untergangs, der Niederlage. Gibt es auch solche des Aufstiegs, des Sieges? Der Sieg wäre es, wenn wir Menschen die Umkehr schaffen und die durch Christus eingeleitete Erlösung der Natur und unserer

---

119 L. Tolstoi: *Krieg und Frieden.* 11. Teil, XXVI. Kapitel. Übersetzung von Hermann Röhl.

selbst erfüllen würden. Dafür gibt es auch Bilder in der Literatur, zum Beispiel bei Goethe:

„Wenn die gesunde Natur des Menschen als ein Ganzes wirkt, wenn er sich in der Welt als in einem großen, schönen, würdigen und werten Ganzen fühlt, wenn das harmonische Behagen ihm ein reines, freies Entzücken gewährt, dann würde das Weltall, wenn es sich selbst empfinden könnte, als an sein Ziel gelangt, aufjauchzen und den Gipfel des eigenen Werdens und Wesens bewundern."[120]

Der Mensch ist nicht die „Krone der Schöpfung" im Sinne eines Gewaltherrschers; er ist aber sehr wohl ihr „Ziel" und „Sinn", insofern er sie versteht und ihr einen neuen Sinn verleiht und sie damit erlöst.

4.4 Die Orientierung

Hören wir noch einmal Rudolf Steiner und seine *Leitsätze*: „Michael-Christus wird in der Zukunft als das Richtungs-Wort stehen im Beginne des Weges, auf dem der Mensch kosmisch-gerecht zwischen den luziferischen und den ahrimanischen Mächten zu seinem Welten-Ziele kommen kann."[121]

Wie können wir uns an dieses Richtungs-Wort vom Beginn des Weges an halten? Wir würden gerne „Zeichen" erhalten, sichere Wegweiser, die uns den Weg markieren. Wir erhalten aber „nur" ein Wort. Das Wort lässt uns frei, wir müssen es als solches erkennen und verstehen – und gerade damit erhalten wir die Richtung. Damit erhält der Satz „In

---

120 J. W. von Goethe: *Sprüche in Prosa*, 4.2., S. 379.

121 R. Steiner: *Anthroposophische Leitsätze*, S. 105–106. GA 26.

Anfang war das Wort" auch wieder eine neue Bedeutung. Suche vom Beginn an das „Worthafte", das spricht, das Dich anspricht und das die Wärme des Wortes ausstrahlt. Meide das Sinnlose, das Kalte, das Lügnerische, das Nicht-Ansprechbare und Nicht-Ansprechende, das Egoistische, das Fürchterliche. Wenn wir ehrlich sind, wissen wir selbst immer ganz genau, in welche Richtung wir gehen – oder ob wir uns nur treiben lassen.

Wenn ich in einen Wald gehe, mache ich zunächst oft viel Lärm beim Gehen und bin innerlich noch mit Themen des Alltags beschäftigt. Nach einer Weile, etwa wenn ich zum ersten Mal müde werde, bleibe ich stehen, werde still, innen und außen – und plötzlich ertönen die Klänge des Waldes. Ich werde des Gesangs der Vögel, des Rauschens der Blätter oder eines Baches bewusst. Die waren schon früher da, ich habe sie aber nicht gehört, weil ich mit mir selbst beschäftigt war. Wenn das zum Stillstand kommt, erscheint etwas qualitativ Neues im Bewusstsein.

Wenn ich noch stiller werden kann, so dass auch alle Gedanken und Gefühle für einen Augenblick – oder auch länger – schweigen, dann kann ich des lautlosen Gesangs der Sprache Michaels gewahr werden. Es „ertönen" nie gekannte Gefühle, die man nachträglich mit unzureichenden Namen wie Andacht, Ehrfurcht, Dankbarkeit, aber auch Leichtigkeit, Glück und Freude bezeichnen kann. Die Laute und Worte dieser unhörbaren Sprache bestehen aus Gefühlen, in denen sich die Schöpferwesen ausgedrückt haben, um solche „Sätze" „auszusprechen" wie Baum, Erde, Wasser und auch Wachsen, Ruhen, Fließen. Das sind keine Gefühle des subjektiven Befindens, sondern Elemente einer Sprache, in der kommuniziert wird. Die ganze Natur wird auf diese Weise sprechend. Ich bin nicht mehr fremd auf der Erde, hinter der Natur erahne ich die Zuneigung lautlos sprechender Wesen.

Je mehr wir in diese Gefühlssprache eintauchen, desto mehr fühlen wir die Anregung, auch uns selbst in dieser Sprache auszudrücken, „Ko-Autoren“ zu werden. Wie kleine Kinder, die eine Weile ihren Eltern zuhören und sich mit Blicken, Lächeln, heftigen Bewegungen der Hände und Füße am Gespräch beteiligen, auf einmal selbst anfangen, wenn auch zunächst noch etwas unartikuliert, in einer „Silbensprache“ zu sprechen. Wie groß ist die Freude der Eltern, wenn sie das hören! Vielleicht erwarten uns die höheren Wesen mit einer ähnlich großen Freude, wenn wir die ersten Silben in der „Christus-Michael“ Sprache aussprechen.

Vielleicht ist das einzige „Wort“ dieser Gefühlssprache, das uns schon im Voraus, als Vorbote gegeben ist, die Liebe. Wäre sie nicht gegeben, könnten wir sie nie erfinden. Sie ist aber in dieser gegebenen Form nur ein Keim, der in uns noch aufgehen müsste. Wir müssten merken, dass sie ein Wort aus einer ganz anderen Welt ist als aus der unseres Alltags. Wir haben sie nicht erhalten, um sie zu erniedrigen und abzunutzen, sondern damit wir erkennen: Es wird aus einer ganz anderen Welt zu uns gesprochen und in einer ganz anderen Welt auf uns gewartet. Und dann wird es uns klar, dass das Entzücken über die Verfärbung der Blätter im Herbst auch ein Vorbote dieser Welt ist, aus der uns immer wieder stille Botschaften erreichen. Letztlich ist es alles so einfach. Die einzige richtige Orientierung ist die Liebe.

Als Frodo sich entschließt, seine Reisegesellschaft zu verlassen und den letzten Teil des Weges allein zu gehen, finden ihn die Weisen und Starken nicht. Nur Sam, sein Freund, der durch keine anderen Überlegungen, nur durch seine Liebe zu ihm geleitet wird. Wenn wir das Gefühl haben, jede Orientierung zu verlieren, kann uns das warme und heitere Sonnenlicht der Liebe noch immer leiten. Die Liebe zur Wahrheit, zur Schönheit und zur Güte. Und allem voran zu den anderen Menschen.

„Wer *einen* Menschen liebt, liebt alle Menschen.“[122]

---

122 G. Kühlewind: *Licht und Leere*. Verlag Freies Geistesleben. S. 75: „Wer *einen* Menschen liebt, liebt alle Menschen. Einen zu lieben, heißt seine Einzigartigkeit, seine unaussprechbare Mission, auch ihm verborgen, zu sehen. Diese Individualität zu lieben, heißt lieben. Diese Einzigartigkeit zu finden, ist schon lieben. Die Einzigartigkeit zu finden, ist möglich, weil wir im Geiste nicht voneinander getrennt sind. Nur hier, in der Getrenntheit ist Liebe möglich. Deshalb Trennung.“

Danksagung

Ich danke meinen Freunden, die während dieser Arbeit als „innere Leser“ mit dabei waren und mir geholfen haben, den Mut und die Orientierung nicht zu verlieren. Ich danke insbesondere Annegret Holland für ihre wertvollen Kommentare und für die sorgfältige Korrektur meiner Deutschfehler.

Weitere Titel aus dem Info3 Verlag
Eine Auswahl

Hendrik Vögler
Sinn und Sein meditieren
Eine Skizze
2. Auflage 2016, 100 Seiten, Klappenbroschur, € 12,00
ISBN 978-3-95779-019-4

Arndt Büssing
Regen über den Kiefern
Zen-Meditation für chronisch Kranke und Tumorpatienten
Mit einem Geleitwort des Dalai Lama
1. Auflage 2001, 160 Seiten, Gebunden, € 9,90
ISBN 978-3-932386-48-0

Jens Heisterkamp
Anthroposophische Spiritualität
Denken, Meditation und geistige Erfahrung bei Rudolf Steiner. Eine Einführung
2. Auflage 2016, 136 Seiten, Klappenbroschur, € 7,90
ISBN 978-3-95779-020-0

www.info3.de

Ulrich Kaiser
Der Erzähler Rudolf Steiner
Studien zur Hermeneutik der Anthroposophie
1. Auflage 2020, 280 Seiten, Klappenbroschur € 22,00
ISBN 978-3-95779-111-5

Jost Schieren (Hrsg.)
Die philosophischen Quellen der Anthroposophie
Eine Vorlesungsreihe an der Alanus Hochschule
1. Auflage 2022, 344 Seiten, Broschur, € 24,90
ISBN 978-3-95779-157-3

Auf Wunsch des Verfassers geht das Autorenhonorar in voller Höhe an die Georg-Kühlewind-Stiftung.

Adresse:
Georg Kühlewind Alapítvány
HU-2083 Solymár, Mészégető utca 18

INFO3 VERLAG

Info3 Verlag
Kirchgartenstr. 1
60439 Frankfurt
Tel. 069-58 46 47
eMail: vertrieb@info3.de
Webshop: www.info3.de